Utilize este código QR para se cadastrar de forma mais rápida:

Ou, se preferir, entre em:
www.moderna.com.br/ac/livro
e siga as instruções para ter acesso aos conteúdos exclusivos do
Livro Digital

CÓDIGO DE ACESSO:

A 00306 MATENCL5E 1 54982

Faça apenas um cadastro. Ele será válido para:

MODERNA Richmond SANTILLANA ESPAÑOL

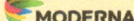

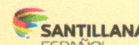

Da semente ao livro, sustentabilidade por todo o caminho

Plantar florestas
A madeira que serve de matéria-prima para nosso papel vem de plantio renovável, ou seja, não é fruto de desmatamento. Essa prática gera milhares de empregos para agricultores e ajuda a recuperar áreas ambientais degradadas.

Fabricar papel e imprimir livros
Toda a cadeia produtiva do papel, desde a produção de celulose até a encadernação do livro, é certificada, cumprindo padrões internacionais de processamento sustentável e boas práticas ambientais.

Criar conteúdos
Os profissionais envolvidos na elaboração de nossas soluções educacionais buscam uma educação para a vida pautada por curadoria editorial, diversidade de olhares e responsabilidade socioambiental.

Construir projetos de vida
Oferecer uma solução educacional Moderna é um ato de comprometimento com o futuro das novas gerações, possibilitando uma relação de parceria entre escolas e famílias na missão de educar!

Taciro Comunicação, Alexandre Santana e Estúdio Pingado

Apoio:
www.twosides.org.br

Fotografe o Código QR e conheça melhor esse caminho.
Saiba mais em *moderna.com.br/sustentavel*

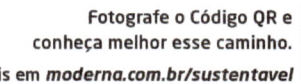

Ênio Silveira

Engenheiro mecânico pela Universidade Federal do Ceará – UFC. Engenheiro eletricista pela Universidade de Fortaleza – Unifor. Diretor pedagógico do Sistema ATS de Ensino. Professor de Matemática e Física em escolas particulares do estado do Ceará.

Cláudio Marques

Supervisor pedagógico do Sistema ATS de Ensino. Professor e assessor de Matemática em escolas particulares de Ensino Fundamental do estado do Ceará.

MATEMÁTICA

5ª edição

© Ênio Silveira, Cláudio Marques, 2019

Coordenação editorial: Mara Regina Garcia Gay
Edição de texto: Carolina Maria Toledo, Daniel Vitor Casartelli Santos, Mateus Coqueiro Daniel de Souza
Assistência editorial: Kátia Tiemy Sido, Paulo César Rodrigues dos Santos, Zuleide Maria Talarico
Gerência de *design* e produção gráfica: Everson de Paula
Coordenação de produção: Patricia Costa
Suporte administrativo editorial: Maria de Lourdes Rodrigues
Coordenação de *design* e projetos visuais: Marta Cerqueira Leite
Projeto gráfico: Bruno Tonel
Capa: Bruno Tonel, Daniel Messias
   Ilustração: Ivy Nunes
Coordenação de arte: Wilson Gazzoni Agostinho
Edição de arte: Regine Crema
Editoração eletrônica: Teclas Editorial
Coordenação de revisão: Elaine C. del Nero
Revisão: Renata Brabo, Vera Rodrigues, Viviane Mendes
Coordenação de pesquisa iconográfica: Luciano Baneza Gabarron
Pesquisa iconográfica: Mariana Alencar
Coordenação de *bureau*: Rubens M. Rodrigues
Tratamento de imagens: Fernando Bertolo, Joel Aparecido, Luiz Carlos Costa, Marina M. Buzzinaro
Pré-impressão: Alexandre Petreca, Everton L. de Oliveira, Marcio H. Kamoto, Vitória Sousa
Coordenação de produção industrial: Wendell Monteiro
Impressão e acabamento: EGB Editora Gráfica Bernardi Ltda
Lote: 768530
Cod: 24119720

Dados Internacionais de Catalogação na Publicação (CIP)
(Câmara Brasileira do Livro, SP, Brasil)

Silveira, Ênio
 Matemática / Ênio Silveira, Cláudio Marques. –
5. ed. – São Paulo : Moderna, 2019.

 Obra em 5 v. para alunos do 1º ao 5º ano.

 1. Matemática (Ensino fundamental) I. Marques,
Cláudio. II. Título.

19-25565 CDD-372.7

Índices para catálogo sistemático:
1. Matemática : Ensino fundamental   372.7
Maria Alice Ferreira - Bibliotecária - CRB-8/7964

ISBN 978-85-16-11972-0 (LA)
ISBN 978-85-16-12007-8 (LP)

Reprodução proibida. Art. 184 do Código Penal e Lei 9.610 de 19 de fevereiro de 1998.
Todos os direitos reservados
EDITORA MODERNA LTDA.
Rua Padre Adelino, 758 – Belenzinho
São Paulo – SP – Brasil – CEP 03303-904
Vendas e Atendimento: Tel. (0_ _11) 2602-5510
Fax (0_ _11) 2790-1501
www.moderna.com.br
2022
Impresso no Brasil

1 3 5 7 9 10 8 6 4 2

Apresentação

Estimado(a) aluno(a)

Neste livro, vamos apresentar a você, de maneira interessante e criativa, os conhecimentos matemáticos.

Aprender Matemática vai ajudá-lo(a) a compreender melhor o mundo que o(a) cerca. Você vai perceber que a Matemática está presente em casa, na escola, no parque, em todo lugar. Ela é importante no nosso dia a dia, pois nos ajuda a interpretar informações, buscar soluções para problemas cotidianos e tomar decisões.

Embarque conosco nesta viagem surpreendente pelo mundo da Matemática! Você vai fazer descobertas incríveis!

Participe de todas as atividades propostas e cuide bem do seu livro. Ele será seu companheiro durante todo este ano.

Os autores

Aos meus filhos, Priscila, Ingrid e Ênio Filho, que são minha inspiração, minha vida.

Ênio Silveira

À minha esposa Letícia, pela inspiração e compreensão, com minha admiração e estima.

Cláudio Marques

Como é o seu livro

Durante os estudos, você encontrará neste livro páginas organizadas com o objetivo de facilitar seu aprendizado e torná-lo mais interessante.

Abertura da unidade

Nestas páginas, você terá um primeiro contato com o conteúdo que será estudado em cada unidade, respondendo a algumas questões no **Trocando ideias**.

Aprendendo

Aqui você terá uma ideia do conteúdo que será trabalhado neste tópico.

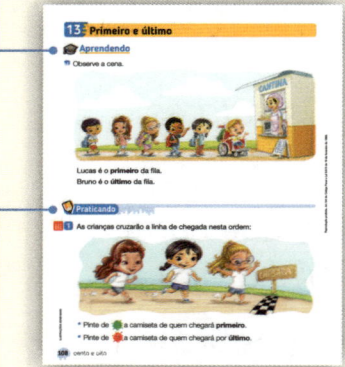

Ouvindo e relacionando

Neste boxe, você encontrará textos variados que complementam ou aprofundam os temas estudados.

Educação financeira

São dadas informações sobre o tema estudado de forma clara e organizada.

Praticando

Nesta seção, há atividades relacionadas aos conteúdos apresentados.

Agindo e construindo

Neste boxe, você vai construir coisas legais que ajudarão a entender alguns conceitos.

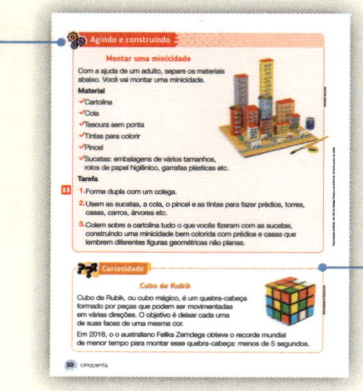

Curiosidade

Este boxe traz informações interessantes que envolvem Matemática.

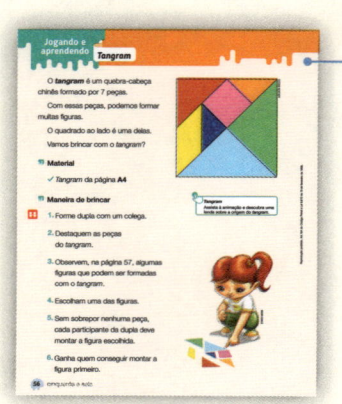

Jogando e aprendendo

Nesta seção, você se reunirá aos colegas para jogar e aprender Matemática.

Tratando a informação

Nesta seção, você vai aprender a trabalhar com informações apresentadas em gráficos, quadros e tabelas.

Investigando a chance

Nesta seção, você vai aprender que nem todas as coisas que acontecem têm chances iguais de ocorrer.

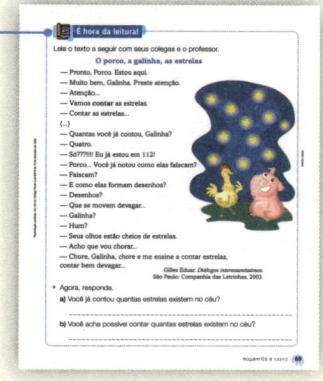

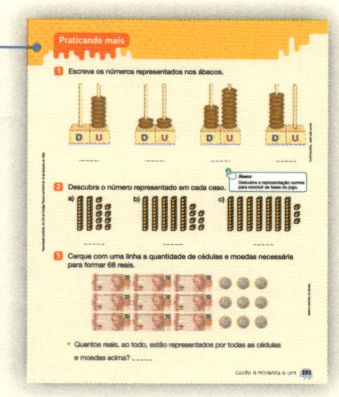

Praticando mais

Estas páginas trazem uma nova sequência de atividades. É importante que você faça todas para perceber o quanto aprendeu.

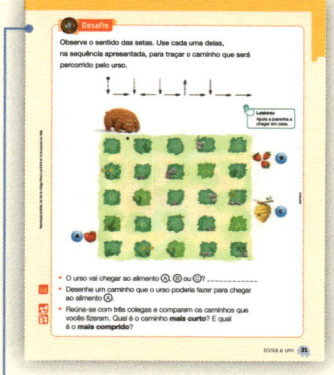

É hora da leitura!

Nesta seção, você encontrará textos sobre diversos assuntos.

Desafio

Ao final de cada unidade, você resolverá pelo menos uma atividade desafiadora.

Ícones utilizados na obra

Estes ícones indicam como realizar algumas atividades:

 Elaboração de problemas
 Atividade oral
 Grupo
 Dupla

 Desenho ou pintura
 Cálculo mental
 Calculadora
 Atividade no caderno

Ícone com indicação de conteúdo digital

Conteúdo digital
Ícone com indicação de conteúdo digital como animações, jogos e atividades interativas.

Indicam situações em que são abordados temas integradores

 FORMAÇÃO CIDADÃ
 PLURALIDADE CULTURAL
 MEIO AMBIENTE
 SAÚDE
 EDUCAÇÃO FINANCEIRA

Indicação de conteúdo extraclasse

Sugestão de site

Indicação de jogos, animações, vídeos e atividades interativas *on-line*.

Os *links* indicados nesta coleção podem estar indisponíveis após a data de publicação deste material.

Sugestão de leitura

Indicação de leitura de livros.

No final do livro digital, você encontra as Atividades para verificação de aprendizagem.

Sumário

UNIDADE 1 — **Noções de comprimento, posição, sentido e deslocamento** 10

1. Noções de grandeza 12
- Ouvindo e relacionando 16
2. Noções de posição 17
- É hora da leitura! 24
3. Noções de sentido 24
4. Noções de deslocamento 26
- Ouvindo e relacionando 28
- Praticando mais 29

UNIDADE 2 — **Classificações, comparações, sequências, símbolos e códigos** 32

1. Classificação 34
2. Comparação 36
3. Sequência 38
4. Símbolos e códigos 40
- Praticando mais 42

UNIDADE 3 — **Figuras geométricas** 44

1. Figuras geométricas não planas 46
- Agindo e construindo 50
2. Figuras geométricas planas 51
- Jogando e aprendendo 56
- Praticando mais 58

UNIDADE 4 — **Números no dia a dia** 60

1. O uso dos números 62
2. Os números nas revistas, nos jornais e nas embalagens 66
- É hora da leitura! 69
- Praticando mais 70

UNIDADE 5 — **Números de 0 a 10** 72

1. A história dos números 74
2. Correspondência um a um 76
3. Quantidade 79
4. Os números 1, 2 e 3 81
5. Os números 4, 5 e 6 84
6. Os números 7, 8 e 9 88
7. O número zero 92
8. Sequência dos números de 0 a 9 94
9. O número 10 95
- Jogando e aprendendo 96
- Ouvindo e relacionando 98
10. Igual ou diferente 99
11. Menor que ou maior que 102
12. Ordem crescente ou ordem decrescente 106
13. Primeiro e último 108
14. Números que indicam ordem 109
15. Caminhos 110
- Tratando a informação 112
- Praticando mais 114

UNIDADE 6 — **Noções de temperatura e medidas de capacidade** 116

1. Mais quente e menos quente 118
2. Cabe mais e cabe menos 120
3. O litro 121
- Praticando mais 127

UNIDADE 7 — Adição e subtração — 128

1. Significados da adição 130
- Ouvindo e relacionando 135
2. Significados da subtração 136
- Jogando e aprendendo 142
- Ouvindo e relacionando 143
- Praticando mais 144

UNIDADE 8 — Mais números — 146

1. A dezena 148
2. Os números de 11 a 19 151
3. Dezenas exatas 162
4. O número 100 166
- É hora da leitura! 168
5. Os números de 20 a 39 169
- Jogando e aprendendo 175
6. Os números de 40 a 59 176
7. Os números de 60 a 79 180
8. Os números de 80 a 99 184
9. Comparações 188
- Investigando a chance 190
- Praticando mais 191

UNIDADE 9 — Medidas de tempo — 194

1. O relógio 196
2. Os dias da semana 201
- É hora da leitura! 203
3. Os meses do ano 204
- É hora da leitura! 206
- Tratando a informação 207
- Praticando mais 209

UNIDADE 10 — Noções de multiplicação e de divisão — 210

1. As ideias da multiplicação 212
2. As ideias da divisão 216
- Praticando mais 218

UNIDADE 11 — Medidas de comprimento — 222

1. Medindo comprimentos 224
2. Instrumentos usados para medir comprimento 225
3. O centímetro 226
4. O metro 227
5. Caminhos e medidas 228
- Jogando e aprendendo 229
- Tratando a informação 230
- Praticando mais 232

UNIDADE 12 — Adição e subtração até 99 — 234

1. Adição até 19 236
2. Adição até 99 241
3. Subtração até 19 245
- Ouvindo e relacionando 248
4. Subtração até 99 249
5. Problemas de adição e de subtração 252
- Educação financeira 256
- Praticando mais 257

UNIDADE 13 — Medidas de massa — 260

1. A balança 261
2. O quilograma 262
- É hora da leitura! 264
- Tratando a informação 265
- Praticando mais 266

Sugestões de leitura 267
Material complementar 273

Trocando ideias

1. Você conhece algum parque?
2. Por que há quatro lixeiras diferentes no parque desta cena?
3. Observe a casinha à direita da menina que está correndo. O menino está dentro ou fora da casinha?

1 Noções de grandeza

Aprendendo

Praticando

1 Mário convidou Bruno para brincar na casa dele. Eles vão jogar pingue-pongue e vôlei.

a) Pinte de 🟡 a bola **maior**.

b) Marque com um **X** a bola **menor**.

2 Ítalo e Maria compararam sua altura com a de uma girafa de brinquedo. Veja.

a) Ítalo é **mais alto** ou **mais baixo** do que a girafa?

b) Maria é **mais alta** ou **mais baixa** do que a girafa?

c) Quem é **mais alto**: Ítalo ou Maria?

3 Mário é o esportista da turma e adora jogar basquete com seus amigos da escola.

- Marque com um **X** os jogadores que parecem ter a mesma altura.

treze **13**

4 Perto da casa de Iaci há um parque.

- Marque com um **X** a árvore que tem o tronco **mais fino**.

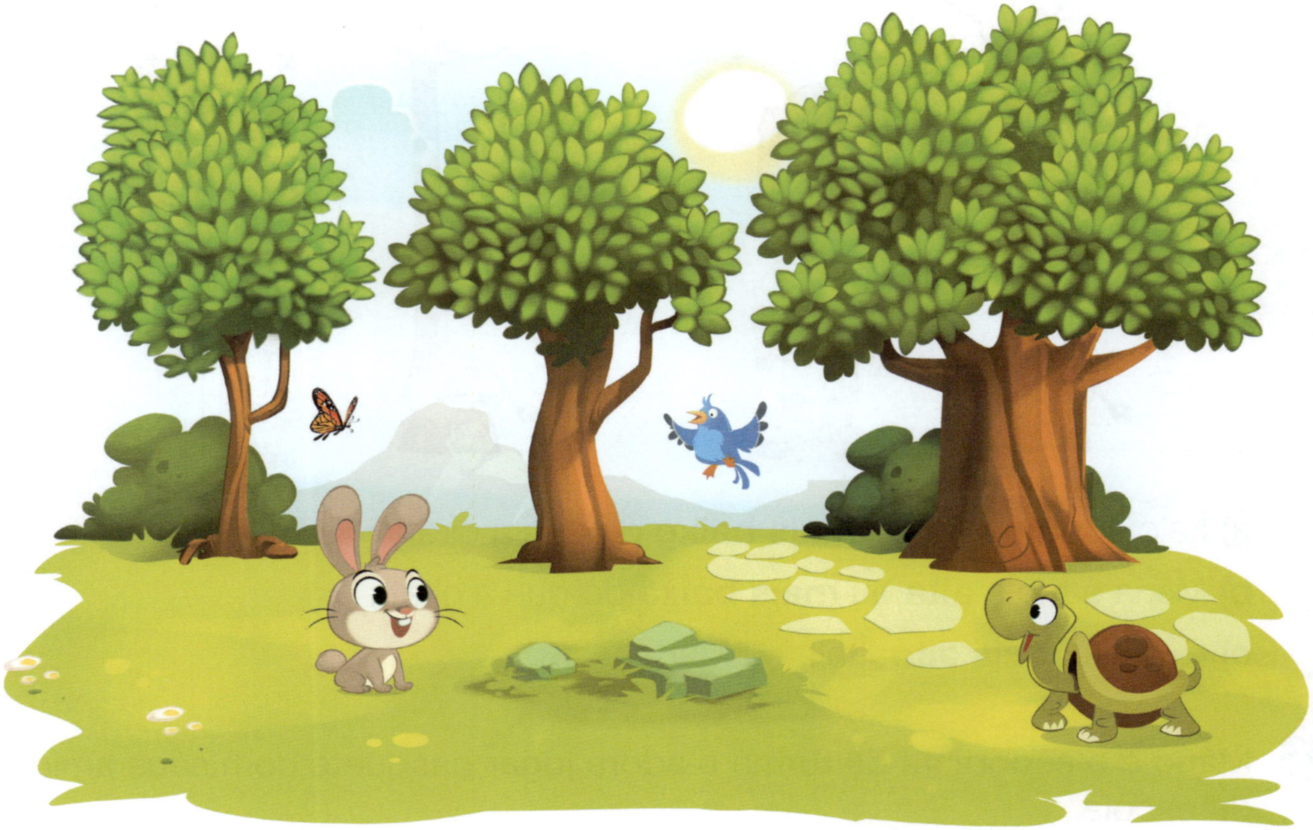

ENÁGIO COELHO

5 Observe os lápis.

a) Pinte de 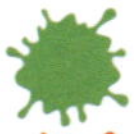 o lápis **mais grosso**.

b) Pinte de 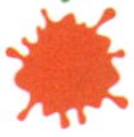 o lápis **mais fino**.

ENÁGIO COELHO

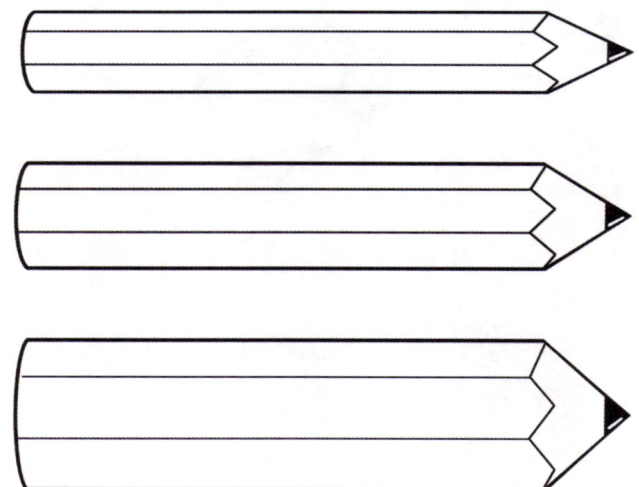

6 Bruno, Lucas e Mário brincam com carrinhos.

a) Pinte de 🟢 o carrinho com o puxador **mais curto**.

b) Pinte de 🟣 o carrinho com o puxador **mais comprido**.

c) Pinte de 🔴 o passarinho que está no galho **mais curto**.

d) Pinte de 🟡 o passarinho que está no galho **mais comprido**.

7 Isabela e Ana moram no mesmo bairro.

A casa de Isabela fica na rua **mais larga**, e a casa de Ana fica na rua **mais estreita**.

a) Pinte de  a rua em que Isabela mora.

b) Pinte de 🔴 a rua em que Ana mora.

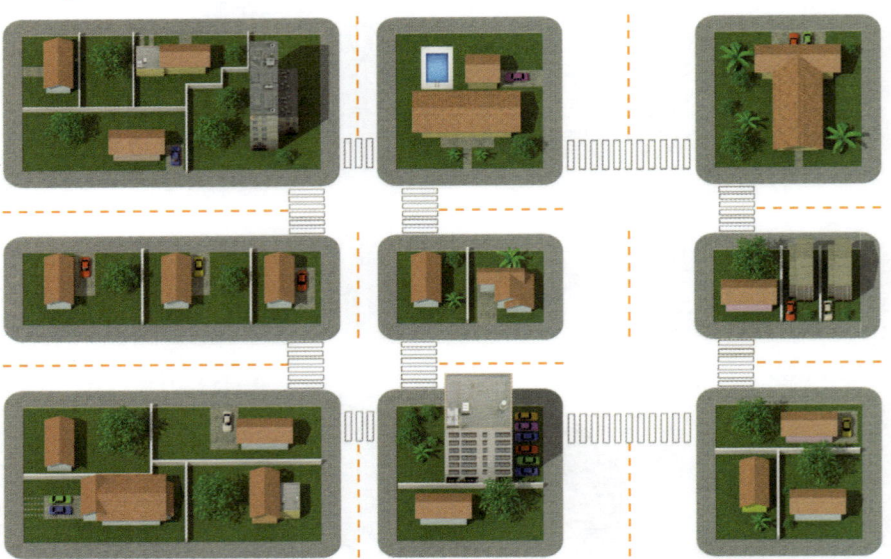

Ouvindo e relacionando

Acompanhe a leitura que seu professor vai fazer. Depois, cerque com uma linha o ponteiro mais comprido do relógio.

O relógio

Tic-tac, tic-tac faz assim
Tic-tac, tic-tac, sem parar.
Dois ponteiros ele tem
Um é **comprido**, outro é **curto**.
Hora de estudar,
Hora de brincar.
Tic-tac, tic-tac,
Hora de dormir...

Aprendendo e brincando com música e com jogos, de Chizuko Yogi. Belo Horizonte: Editora Fapi.

2 Noções de posição

Aprendendo

Praticando

1. Bruno adora brincar com seu foguete de água.

    Observe o sentido das setas dentro dos quadros e trace o percurso que o foguete de Bruno deverá fazer.

    ↑ para cima 　　　　　　　para baixo ↓

18 dezoito

2 Isabela, Bruno, Ana, Iaci e Mário vão tomar um refrescante banho de piscina.

a) Quem está na frente de Iaci?

b) Quem está atrás de Bruno?

c) Quem está entre Bruno e Iaci?

3 Observe o quarto de Isabela.

a) Cerque com uma linha 🟢 o que está **entre** a casinha e o urso de pelúcia.

b) Marque com um **X** o que está **em cima** da cama.

c) Cerque com uma linha 🔵 o que está **embaixo** da cama.

dezenove 19

4 Iaci e Bruno estão jogando tênis com Ana e Mário.

a) Cerque com uma linha 🔵 as personagens que estão **de frente** para você. Quais são os nomes delas?

_____

b) Marque com um **X** as personagens que estão **de costas** para você. Escreva os nomes delas.

_____

5 Iaci e Bruno apreciam a natureza e os animais.

a) Pinte de 🔵 a personagem que está **atrás** da árvore.

b) Cerque com uma linha o brinquedo que está **entre** o banco e a árvore.

c) Pinte de 🟡 a personagem que está **na frente** do banco.

6 Lucas está observando duas portas.

a) Pinte de 🔵 a porta que está à **direita** de Lucas.

b) Pinte de 🟡 a porta que está à **esquerda** de Lucas.

vinte e um 21

7 Mário está na janela de seu apartamento.

a) Pinte de 🟠 a janela que fica **acima** da janela do apartamento de Mário.

b) Pinte de 🟢 a janela que fica **abaixo** da janela do apartamento de Mário.

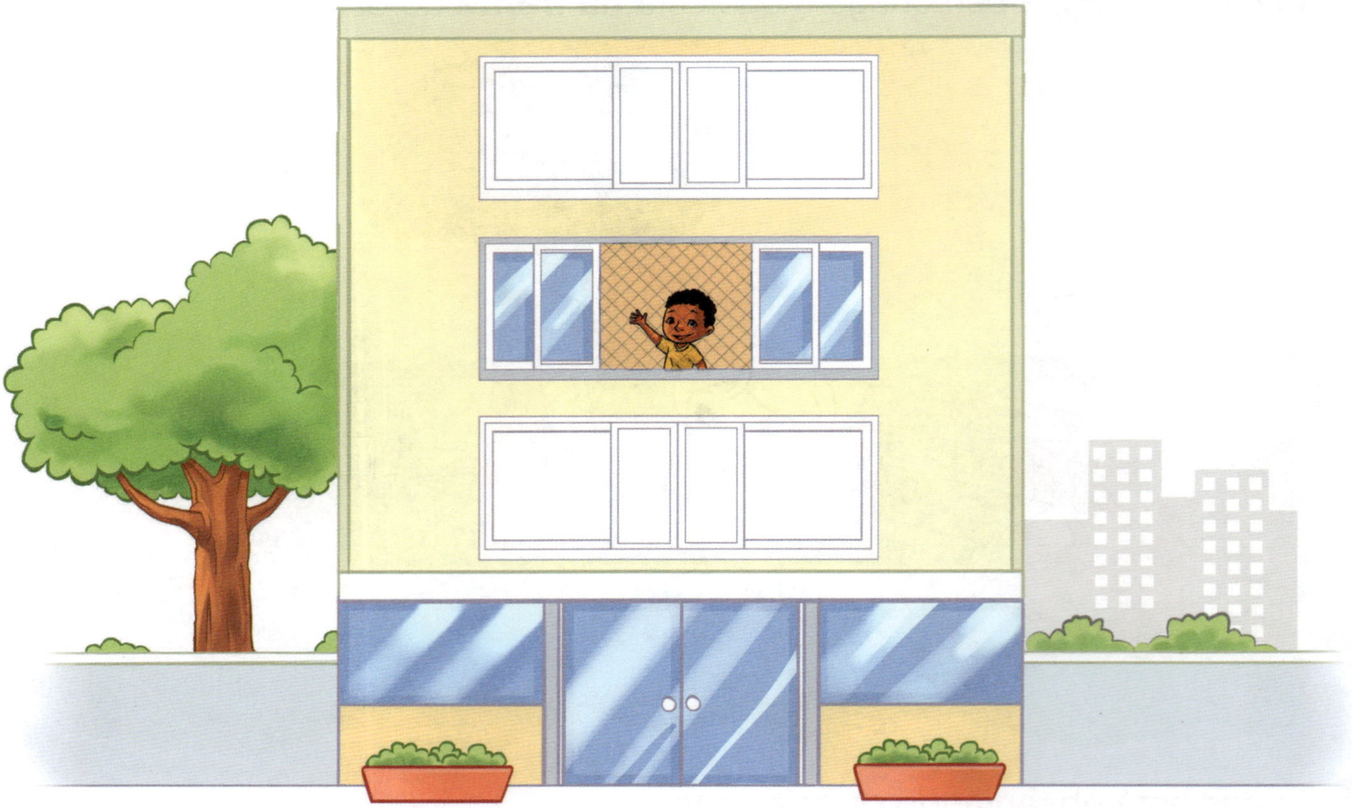

8 Observe a ilustração abaixo.

a) Cerque com uma linha os passarinhos que estão **fora** da casinha.

b) Quantos passarinhos você vê **dentro** da casinha?

c) Quantos passarinhos você vê **fora** da casinha?

9 Iaci gosta de observar a natureza.

a) Marque com um **X** o pássaro que está **mais perto** de Iaci.

b) Cerque com uma linha o pássaro que está **mais longe** de Iaci.

c) Você gosta de observar a natureza?

d) Que cuidados você deve ter para preservá-la?

10 Observe as roupas estendidas no varal abaixo.

a) Pinte de  a peça de roupa que está mais perto da camisa.

b) Pinte de a peça de roupa que está mais longe da cueca.

vinte e três 23

É hora da leitura!

Com um colega, descubra a resposta de cada charada.

O que é, o que é...

Vive em cima da mesa
Costuma matar a fome
Compra-se para comer
Ninguém mastiga nem come?

O que é, o que é...

Pode ser grossa ou bem fina
Anda sempre passo a passo
Existe de corpo inteiro
Mas tem nome de pedaço?

Meu livro de folclore, de Ricardo Azevedo.
São Paulo: Editora Ática.

3 Noções de sentido

Aprendendo

O gato e o cachorro correm no **mesmo sentido**!

Iaci corre no **sentido contrário** ao do gato e ao do cachorro.

24 vinte e quatro

Praticando

1. Pinte de 🟡 os peixes que nadam no **mesmo sentido** do peixe vermelho. Pinte de 🟢 os peixes que nadam no **sentido contrário** ao do peixe vermelho.

2. Ana e Bruno caminham alegremente pela calçada, observando os carros que passam.

   a) Pinte de 🟡 os carros que se deslocam no **mesmo sentido** do de Bruno.

   b) Pinte de 🟢 os carros que se deslocam no **sentido contrário** ao de Bruno e no mesmo sentido do de Ana.

vinte e cinco 25

3 Mário, Ana, Bruno, Isabela e Iaci estão andando de patins.

- Pinte quem está se deslocando no **sentido contrário** ao do deslocamento de Mário.

Mário   Ana   Bruno   Isabela   Iaci

4 Noções de deslocamento

Aprendendo

Ana estava indo com sua família a uma lanchonete comemorar seu aniversário.

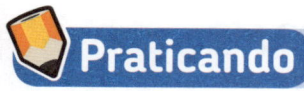

Praticando

1 Ana observou algumas placas de trânsito.

- Ligue cada placa com seu significado.

Vire à esquerda	Proibido virar à esquerda	Vire à direita	Proibido virar à direita

ILUSTRAÇÕES: WILSON

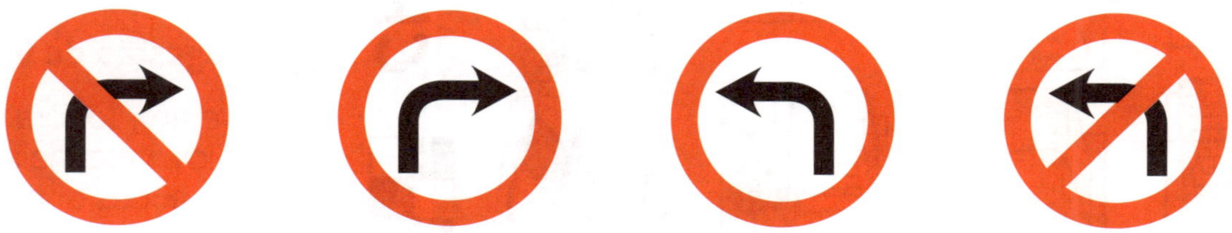

2 Observe a figura a seguir.

BENTINHO

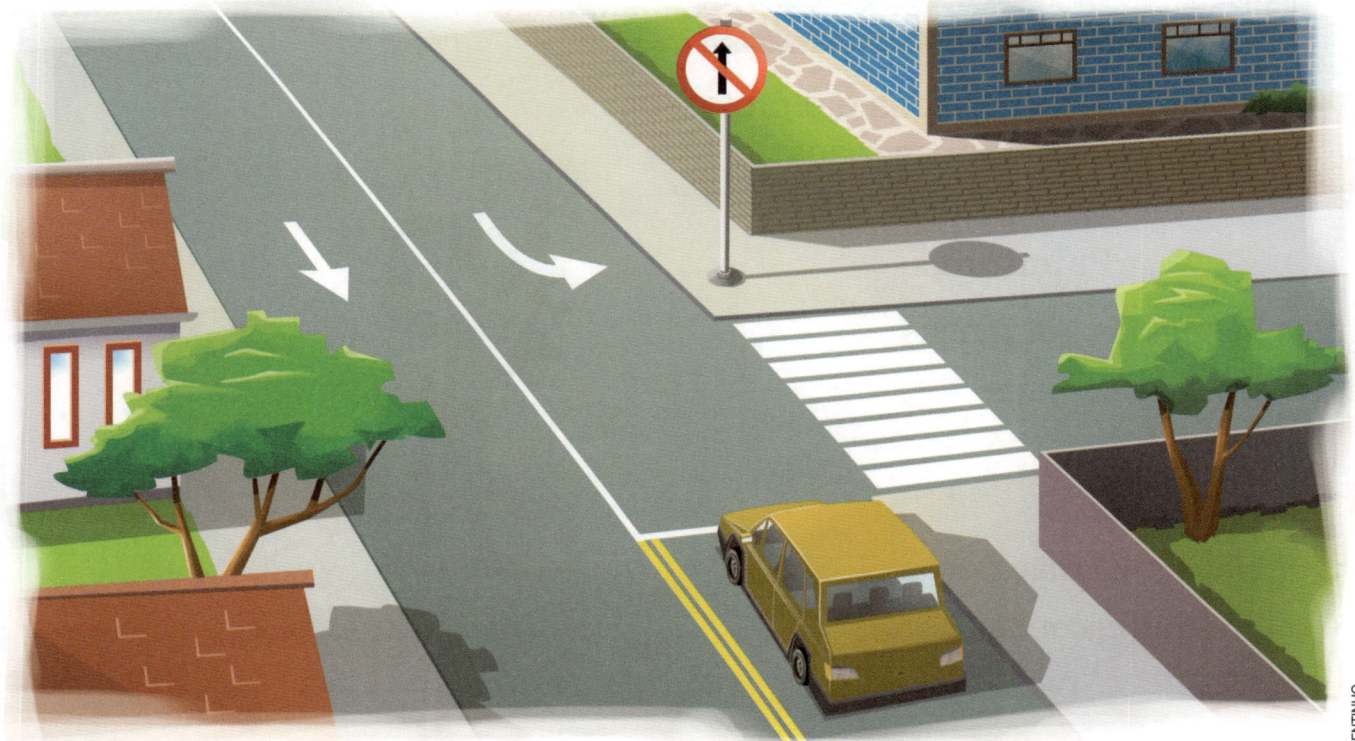

- O carro deverá seguir em frente ou virar à direita?

3 Ajude Lucas a descobrir um caminho que leve seu carrinho até a chegada. Desenhe setas para indicar o caminho.

JOSÉ LUIS JUHAS

📖 Sugestão de leitura

Tô dentro, tô fora..., de Alcy. Leia mais informações sobre esse livro na página 267.

Ouvindo e relacionando

Cante com seus colegas e o professor, fazendo gestos com as mãos.

Palminhas

Palminhas, palminhas

Nós vamos bater

Pra cima

Pra baixo

Depois, as mãozinhas

Pra trás esconder!

Da tradição popular.

BENTINHO

28 vinte e oito

Praticando mais

1 Siga as dicas e ligue cada planta ao seu dono.

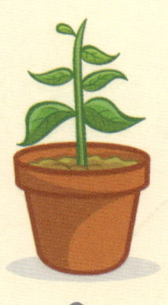

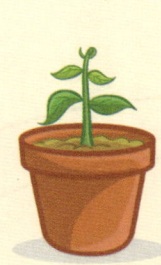

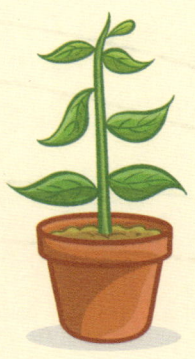

A PLANTA DE LUCAS É A MAIS ALTA.

A PLANTA DE IACI É MAIS BAIXA DO QUE A DE MÁRIO.

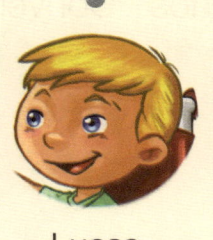

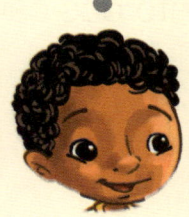

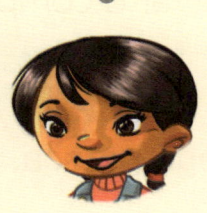

ILUSTRAÇÕES: WILSON

Lucas   Mário   Iaci

EDNEI MARX

2 Cerque com uma linha os brinquedos que estão entre a e o .

SKATE: FOTOSLAZ/SHUTTERSTOCK; URSO: AZURE1/SHUTTERSTOCK; FOGUETE: MICHELANGELUS/SHUTTERSTOCK; BOLA: YEVGENIY11/ SHUTTERSTOCK; PIPA: PIXEL-SHOT/SHUTTERSTOCK

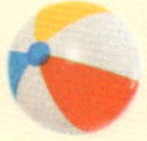

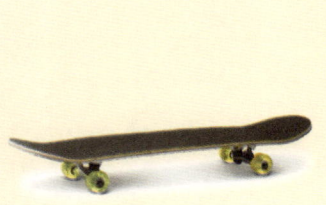

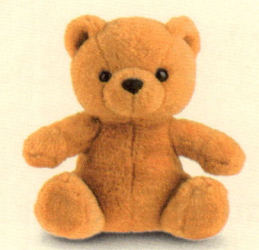

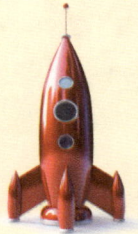

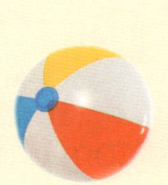

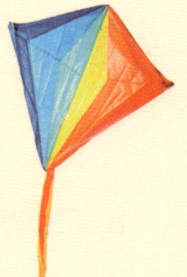

3 Para chegar ao formigueiro, uma formiga pode escolher entre dois caminhos. Veja.

a) Pinte de 🟡 o caminho mais comprido.

b) Pinte de 🟢 o caminho mais curto.

c) Como você poderia comparar o comprimento dos caminhos? Converse com os colegas.

4 Mário joga bola, e Isabela joga peteca.

a) Cerque com uma linha a mão **esquerda** de Isabela.

b) Marque com um **X** a perna **direita** de Mário.

30 trinta

 **Desafio**

Observe o sentido das setas. Use cada uma delas, na sequência apresentada, para traçar o caminho que será percorrido pelo urso.

Labirinto
Ajude a joaninha a chegar em casa.

- O urso vai chegar ao alimento Ⓐ, Ⓑ ou Ⓒ? _____
- Desenhe um caminho que o urso poderia fazer para chegar ao alimento Ⓐ.
- Reúna-se com três colegas e comparem os caminhos que vocês fizeram. Qual é o caminho **mais curto**? E qual é o **mais comprido**?

trinta e um 31

1 Classificação

Aprendendo

Praticando

1 O avô de Bruno quer comprar frutas. Marque com um **X** as frutas na lista de compras.

34 trinta e quatro

2 Cerque com uma linha os instrumentos musicais.

- Você sabe o nome desses instrumentos musicais? Conte a seus colegas e ao professor.

3 Ligue as roupas que têm a mesma cor.

trinta e cinco 35

2 Comparação

Aprendendo

As minhas pipas são diferentes.

As minhas são iguais.

Praticando

1 Cerque com uma linha o brinquedo **diferente** em cada quadro.

- Agora, faça quatro desenhos iguais no espaço abaixo.

2 Pinte de 🟠 as flores **iguais**.

- Pinte cada uma das outras flores com cores **diferentes** de 🟠.

3 Bruno está ajudando a separar em cestos as frutas que seu tio vai vender.

a) Cada cesto deve ter um só tipo de fruta. Ligue cada fruta ao seu cesto.

b) Você sabe o nome de cada uma dessas frutas? Conte a seus colegas e ao professor.

trinta e sete 37

3 Sequência

Aprendendo

Vamos organizar essas peças em sequência.

A próxima peça dessa sequência é esta!

Praticando

1 Mário está ajudando a enfeitar a sala de aula para a festa junina. Descubra o segredo da sequência de cores das bandeirinhas e continue pintando-as de acordo com esse segredo.

2 Desenhe e pinte as figuras que estão faltando na sequência de acordo com o segredo que você descobrir.

3 Pinte os quadrinhos seguindo a sequência.

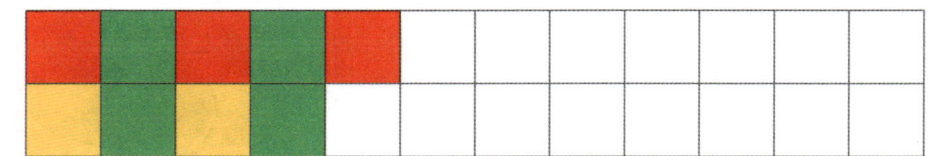

- Agora, crie uma sequência na malha abaixo.

38 trinta e oito

4 As crianças se sentaram uma ao lado da outra e levantaram as mãos de acordo com uma regra.

- Descubra a regra e marque com um **X** a maneira como Ana deve posicionar as mãos para ficar ao lado das crianças que já estão sentadas.

5 Destaque as figuras dos patinhos e dos girassóis da página **A1**.

a) Cole os patinhos do **menor** para o **maior**.

b) Cole os girassóis do **maior** para o **menor**.

trinta e nove 39

4 Símbolos e códigos

Aprendendo

Este é o símbolo indicativo de acesso especial para pessoas com deficiência.

Este é o símbolo de espaço preferencial reservado aos idosos.

Praticando

1 Observe as placas abaixo.

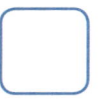

a) Marque com um **X** as placas que você conhece.

b) Qual é o significado de cada placa?

quarenta

2 Desenhe no espaço abaixo três placas que você vê no caminho de casa à escola.

3 O ratinho está com fome. Ajude-o a chegar até o queijo terminando de desenhar o caminho que ele vai fazer, conforme o código abaixo.

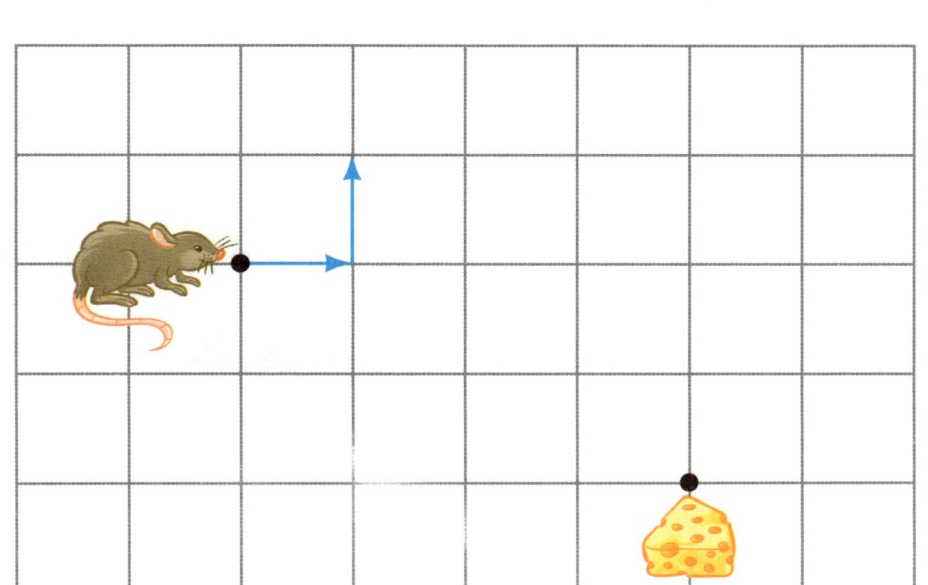

quarenta e um 41

Praticando mais

1 Cerque com uma linha os objetos que são materiais escolares.

2 Pinte os quadrinhos, formando uma sequência.

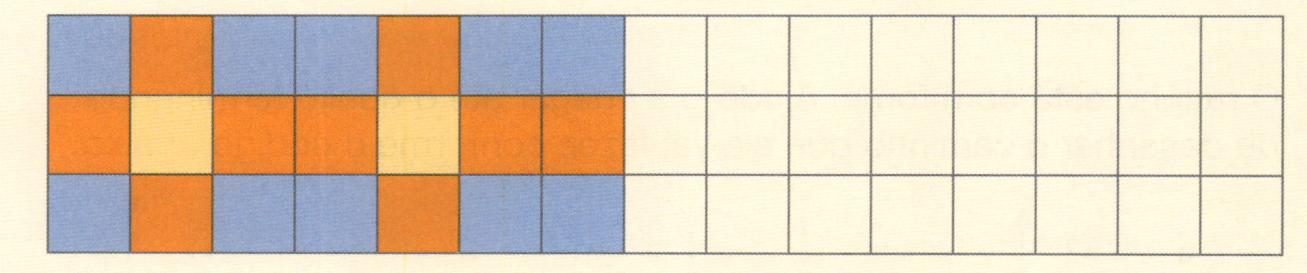

3 Observe a sequência de copos.

a) Qual é o segredo dessa sequência?

b) Desenhe a próxima pilha de copos dessa sequência.

42 quarenta e dois

Desafio

Isabela, Mário e Bruno estão brincando de caça ao tesouro. Cada um recebeu um pedaço do mapa.

| pedaço de Isabela | pedaço de Mário | pedaço de Bruno |

Para chegar ao tesouro, eles precisam juntar os pedaços.

- Ajude os três amigos a fazer um mapa completo. Pinte o caminho a ser seguido até o tesouro.

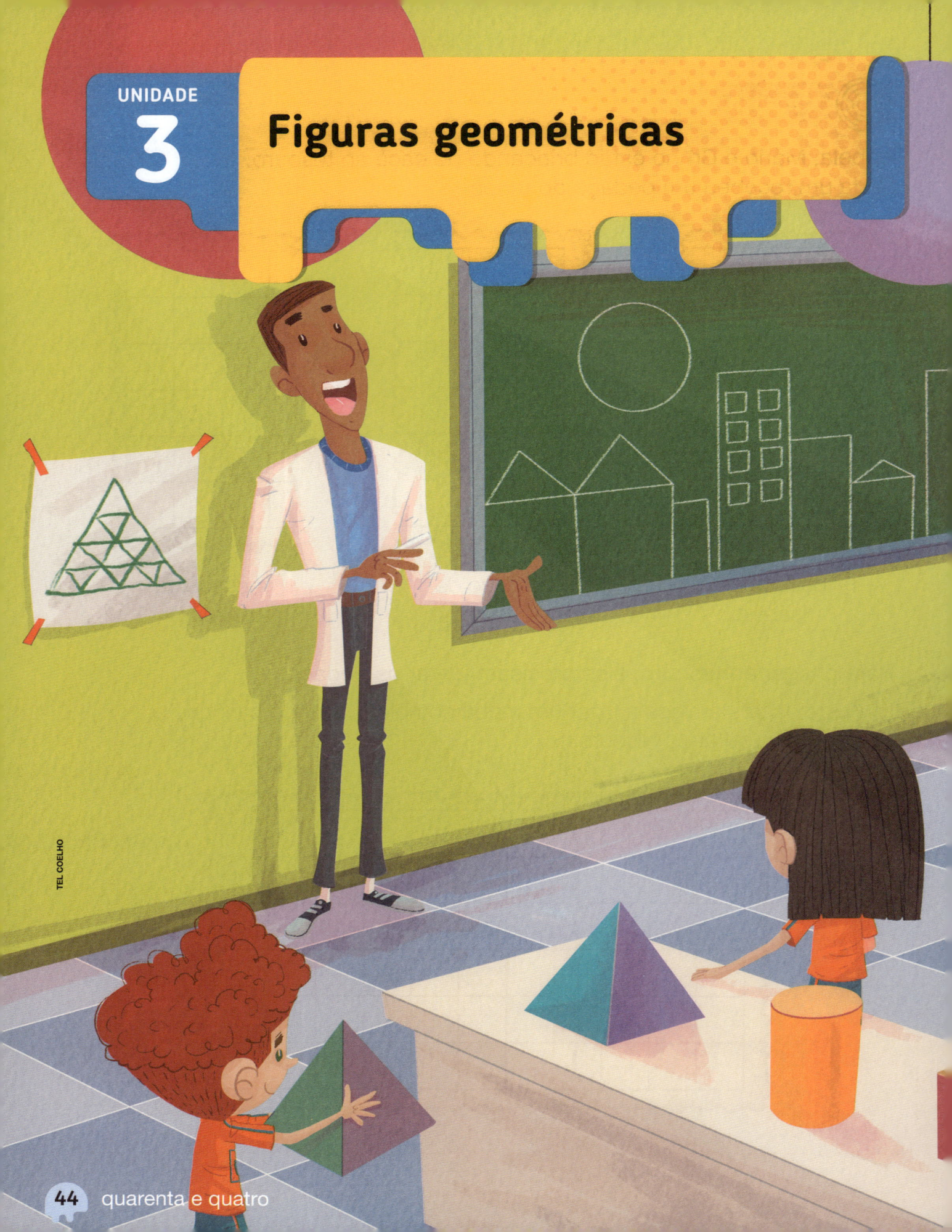

UNIDADE 3
Figuras geométricas

Trocando ideias

1. Você já brincou com algum brinquedo cujas peças são parecidas com as que estão em cima da mesa? Explique como são as peças desse brinquedo.

2. Você conhece algumas das figuras usadas nos desenhos do quadro de giz? Se sim, quais?

3. Há peças com "bicos" na cena? Se houver, marque cada peça com um **X**.

quarenta e cinco 45

1 Figuras geométricas não planas

🎓 Aprendendo

▪ Observe os objetos coloridos que as crianças levaram para o jardim.

Cada um dos objetos que estamos segurando tem uma cor diferente.

✏️ Praticando

1 Cada figura ilustrada a seguir se parece com o objeto colorido que está nas mãos de cada criança. Pinte as figuras abaixo com a cor do objeto correspondente.

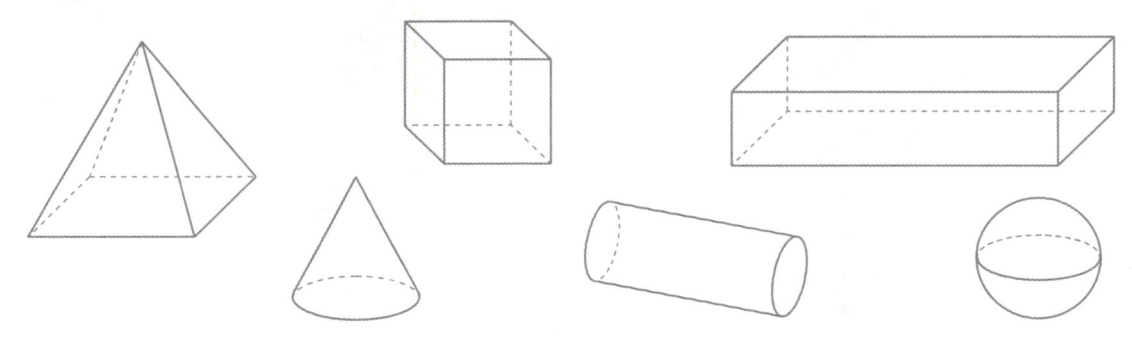

2 Reúna-se com um colega e procurem entre os objetos da sala de aula ou no material escolar alguns que lembrem as figuras geométricas ilustradas a seguir.

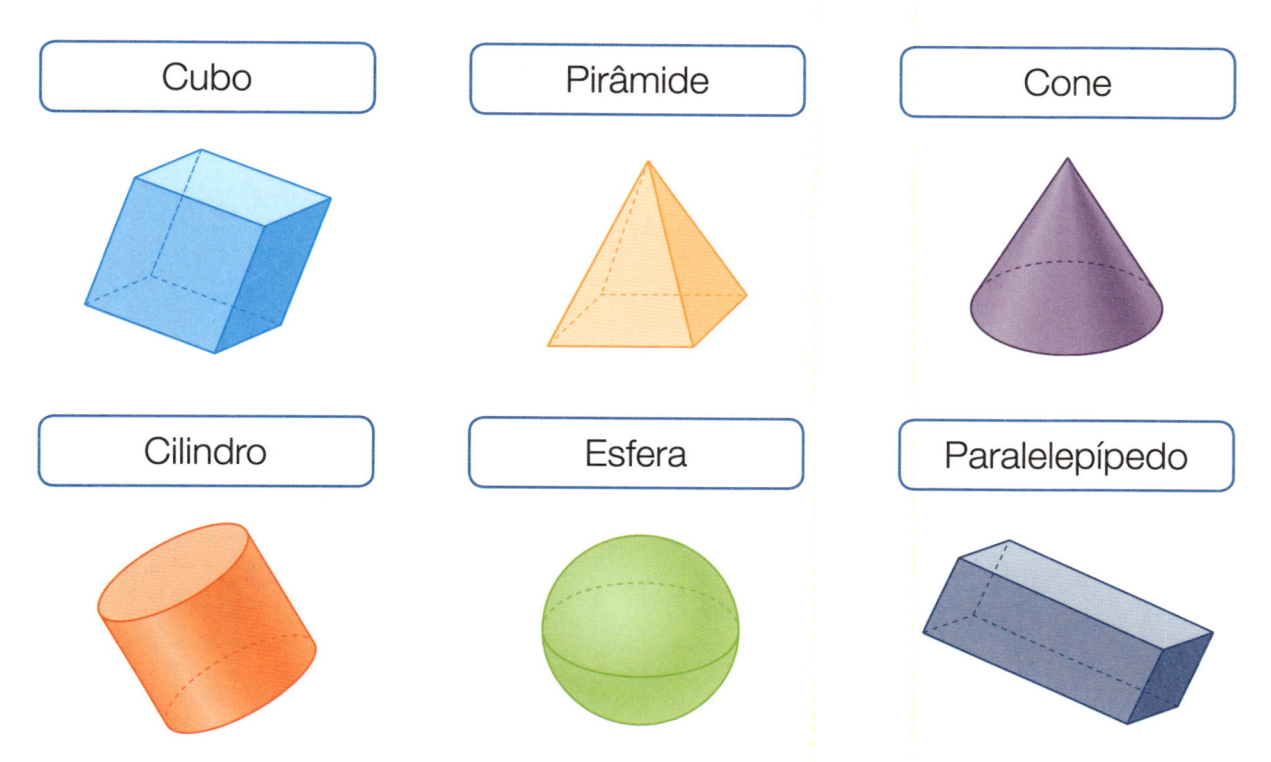

Cubo

Pirâmide

Cone

Cilindro

Esfera

Paralelepípedo

- Agora, escolha um dos objetos e descreva suas características para o colega. Ele deve descobrir com qual figura geométrica se parece o objeto que você descreveu.

3 Em cada quadro, cerque com uma linha a figura geométrica "intrusa".

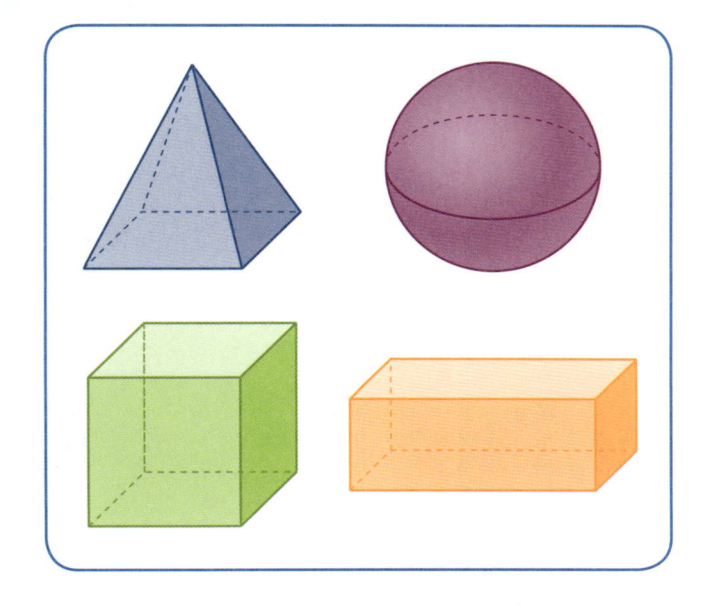

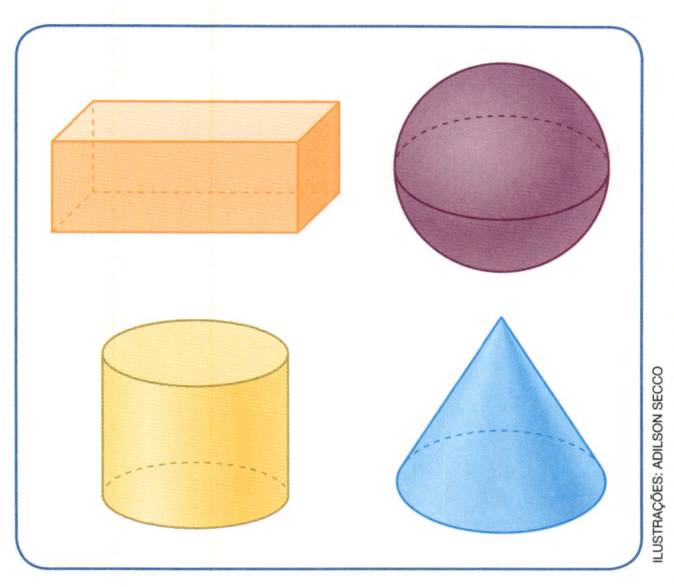

quarenta e sete **47**

4 Destaque as figuras da página **A2** e cole-as nos quadros correspondentes.

Cubo	Paralelepípedo

Esfera	Cilindro

Pirâmide	Cone

5 Reúna-se com 3 colegas e pesquisem em revistas ou jornais imagens que lembrem as figuras geométricas a seguir. Recortem-nas e colem-nas nos espaços abaixo.

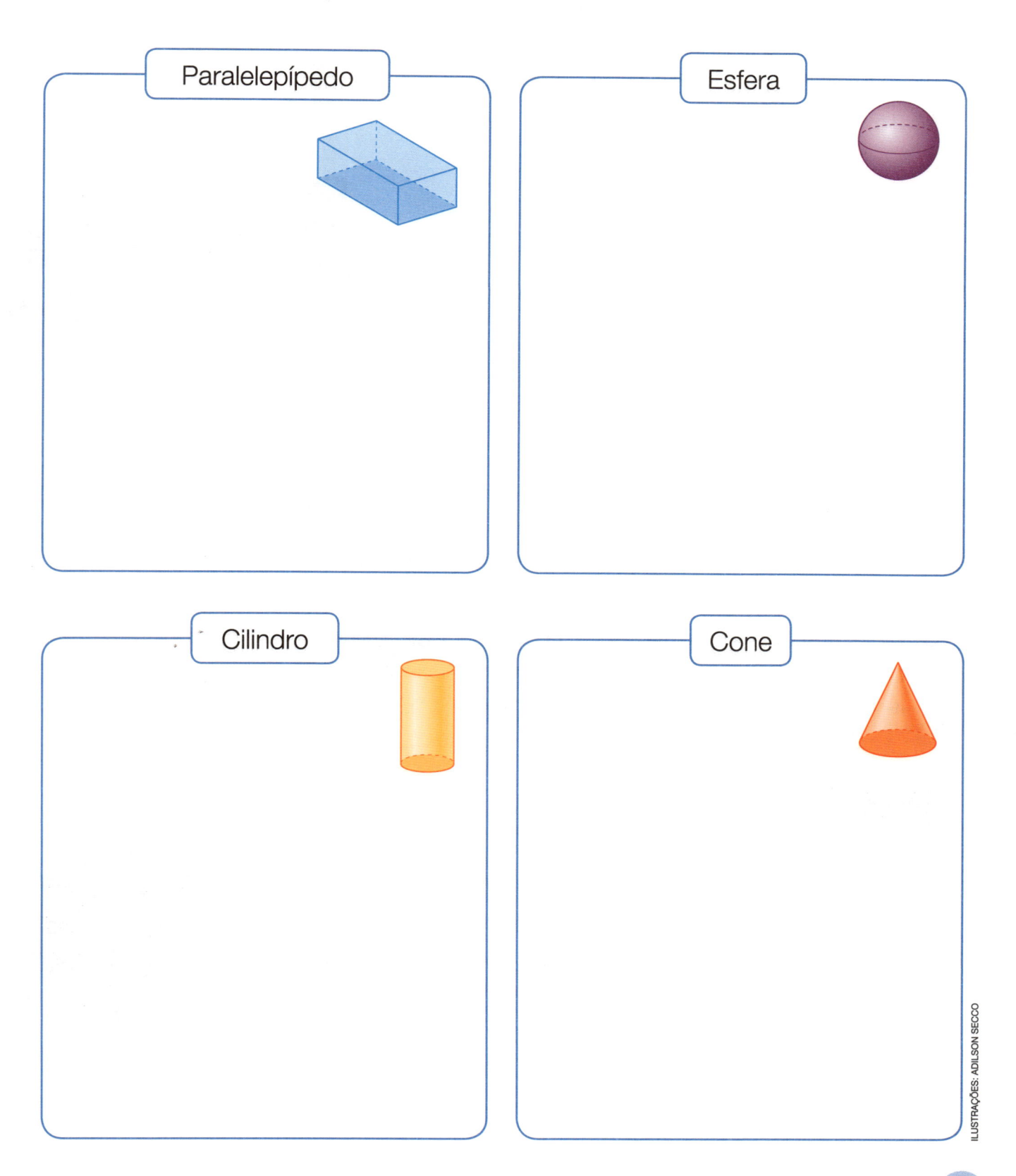

Paralelepípedo	Esfera

Cilindro	Cone

quarenta e nove **49**

Agindo e construindo

Montar uma minicidade

Com a ajuda de um adulto, separe os materiais abaixo. Você vai montar uma minicidade.

Material

- ✓ Cartolina
- ✓ Cola
- ✓ Tesoura sem ponta
- ✓ Tintas para colorir
- ✓ Pincel
- ✓ Sucatas: embalagens de vários tamanhos, rolos de papel higiênico, garrafas plásticas etc.

Tarefa

1. Forme dupla com um colega.
2. Usem as sucatas, a cola, o pincel e as tintas para fazer prédios, torres, casas, carros, árvores etc.
3. Colem sobre a cartolina tudo o que vocês fizeram com as sucatas, construindo uma minicidade bem colorida com prédios e casas que lembrem diferentes figuras geométricas não planas.

Curiosidade

Cubo de Rubik

Cubo de Rubik, ou cubo mágico, é um quebra-cabeça formado por peças que podem ser movimentadas em várias direções. O objetivo é deixar cada uma de suas faces de uma mesma cor.

Em 2018, o o australiano Feliks Zemdegs obteve o recorde mundial de menor tempo para montar esse quebra-cabeça: menos de 5 segundos.

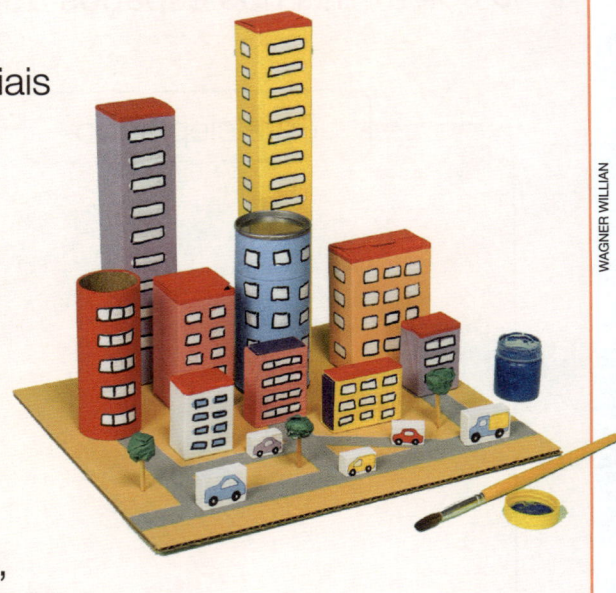

2 Figuras geométricas planas

🎓 Aprendendo

Ana montou um boneco com um **triângulo**, um **círculo**, um **quadrado** e quatro **retângulos**.

✏️ Praticando

1 Ligue cada objeto à figura plana com a qual ele se parece.

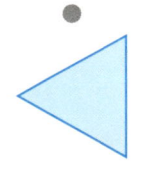

Triângulo   Círculo   Retângulo   Quadrado

cinquenta e um 51

2 Desenhe um triângulo, um quadrado e um círculo.

3 Observe as embalagens que Lucas e Iaci usaram como carimbo e as figuras carimbadas nas folhas de papel.

- Agora, ligue cada embalagem à figura carimbada no papel.

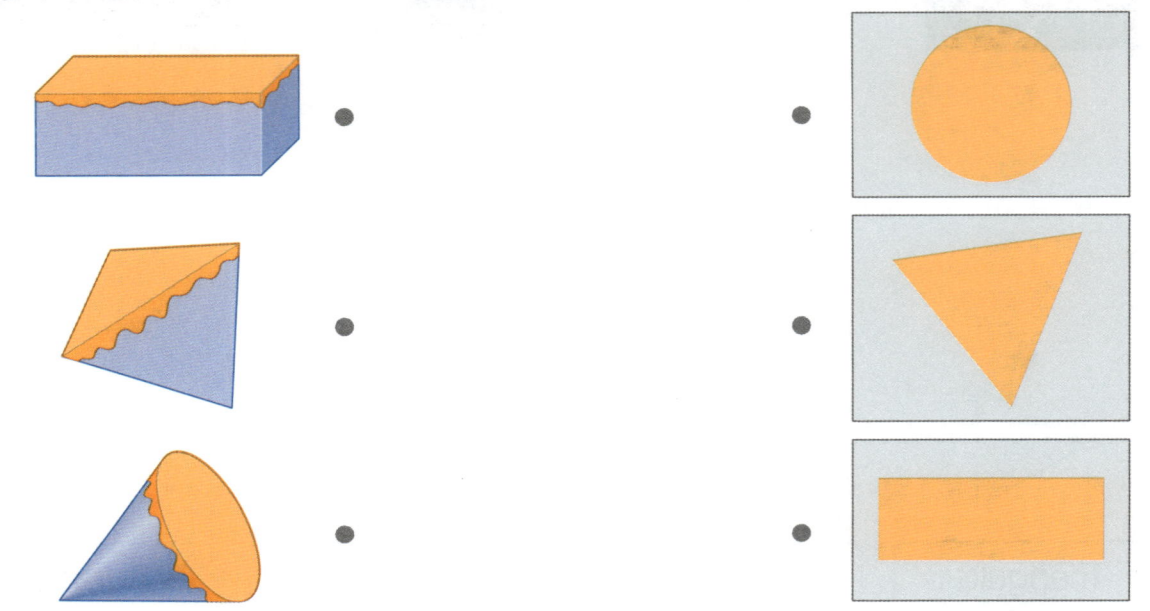

52 cinquenta e dois

4 O professor Eduardo desenhou um retângulo, um quadrado e um triângulo nas malhas pontilhadas a seguir. Desenhe em cada malha outras duas figuras de cada tipo.

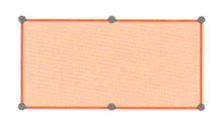

a) Retângulos

Faça duas figuras diferentes.

b) Quadrados

c) Triângulos

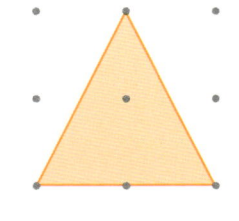

5 Destaque as figuras da página **A3**. No espaço abaixo, faça uma montagem para obter uma figura conforme o modelo.

6 Em cada caso, descubra o segredo e, depois, desenhe a continuação da sequência de figuras geométricas.

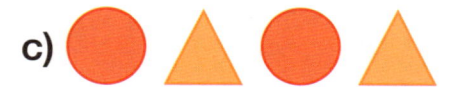

a)

b)

c)

54 cinquenta e quatro

7 Vamos colorir as figuras a seguir, de acordo com as orientações do Lucas.

Pinte as figuras com as cores indicadas no código ao lado.

Código de cores

- ◻ Verde
- ● Amarelo
- ▲ Vermelho
- ◼ Azul

cinquenta e cinco 55

Jogando e aprendendo

Tangram

O **tangram** é um quebra-cabeça chinês formado por 7 peças.

Com essas peças, podemos formar muitas figuras.

O quadrado ao lado é uma delas.

Vamos brincar com o *tangram*?

Material

✓ *Tangram* da página **A4**

Maneira de brincar

1. Forme dupla com um colega.

2. Destaquem as peças do *tangram*.

3. Observem, na página 57, algumas figuras que podem ser formadas com o *tangram*.

4. Escolham uma das figuras.

5. Sem sobrepor nenhuma peça, cada participante da dupla deve montar a figura escolhida.

6. Ganha quem conseguir montar a figura primeiro.

Tangram
Assista à animação e descubra uma lenda sobre a origem do *tangram*.

> **Sugestão de leitura**
>
> *CLACT... CLACT... CLACT...*, de Liliana e Michele Iacocca. Leia mais informações sobre esse livro na página 267.

Tangram
Desperte a criatividade brincando com o *tangram*.

🔷 **Agora, responda.**

- Qual figura geométrica plana está representada pela peça cor-de-rosa?

_____

- No *tangram*, há cinco peças que representam triângulos. Qual é a cor dessas peças nesse *tangram*?

_____

cinquenta e sete **57**

Praticando mais

1 Cerque com uma linha de mesma cor os objetos que têm forma parecida.

2 Cerque com uma linha os objetos que podem rolar com facilidade.

3 Observe as embalagens abaixo.

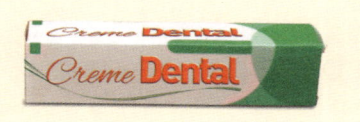

- Quais sólidos geométricos essas embalagens lembram?

_____

58 cinquenta e oito

Trocando ideias

Faça o que se pede.

a) Pinte de 🟡 os números que indicam horas.

b) Pinte de 🔵 os números que indicam preços.

c) Que números identificam os espelhos do salão?

d) Que número representa a temperatura?

1 O uso dos números

Aprendendo

- Qual é o dia do seu aniversário?
- Qual é o número do seu telefone?
- Quantos alunos há na sua sala de aula?
- Além de indicar quantidades, os números podem ser usados para indicar códigos, medidas etc.

ILUSTRAÇÕES: EDNEI MARX

Praticando

1 Observe a imagem a seguir.

62 sessenta e dois

- Responda.

  a) Qual é o número da casa? _____

  b) Qual é o número da placa do carro? _____

  c) Que número está escrito na placa de trânsito? _____

- Agora, converse com seus colegas e o professor sobre a utilidade desses números.

2. Observe a cena a seguir e responda.

a) Quantas janelas há na sala? _____

b) Quantas mesas há na sala? _____

c) Quantos alunos há em cada mesa? _____

sessenta e três 63

3 Com a ajuda de seu professor, conte os objetos de sua sala de aula e escreva os números.

☐ Armário

☐ Lousa

☐ Mesa

☐ Janela

☐ Cadeira

☐ Porta

4 Observe os preços dos seguintes produtos de higiene pessoal e responda.

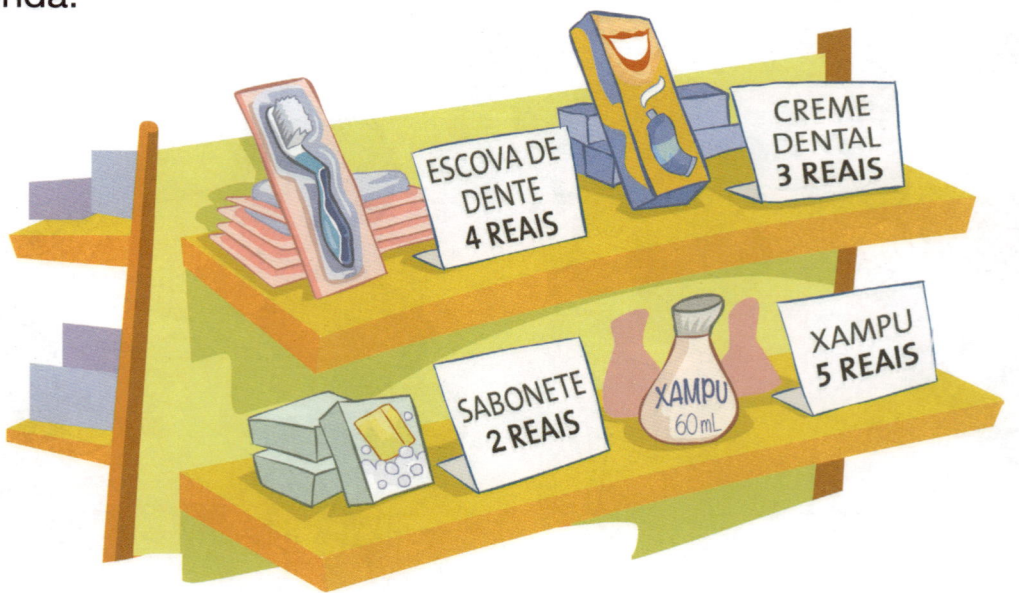

ESCOVA DE DENTE
4 REAIS

CREME DENTAL
3 REAIS

SABONETE
2 REAIS

XAMPU
60 mL

XAMPU
5 REAIS

a) Qual é o preço da escova de dente? _____

b) Qual é o preço do creme dental? _____

c) Que número representa a quantidade de líquido do xampu? _____

d) Qual é o preço do sabonete? _____

e) Qual é o preço do xampu? _____

5 Leia o que diz Janaína e marque com um **X** a resposta correta.

Na sua sala de aula, há:

☐ mais meninos.

☐ mais meninas.

☐ mesma quantidade de meninos e meninas.

6 Com a ajuda de um adulto que more com você ou de seu professor, preencha a ficha abaixo.

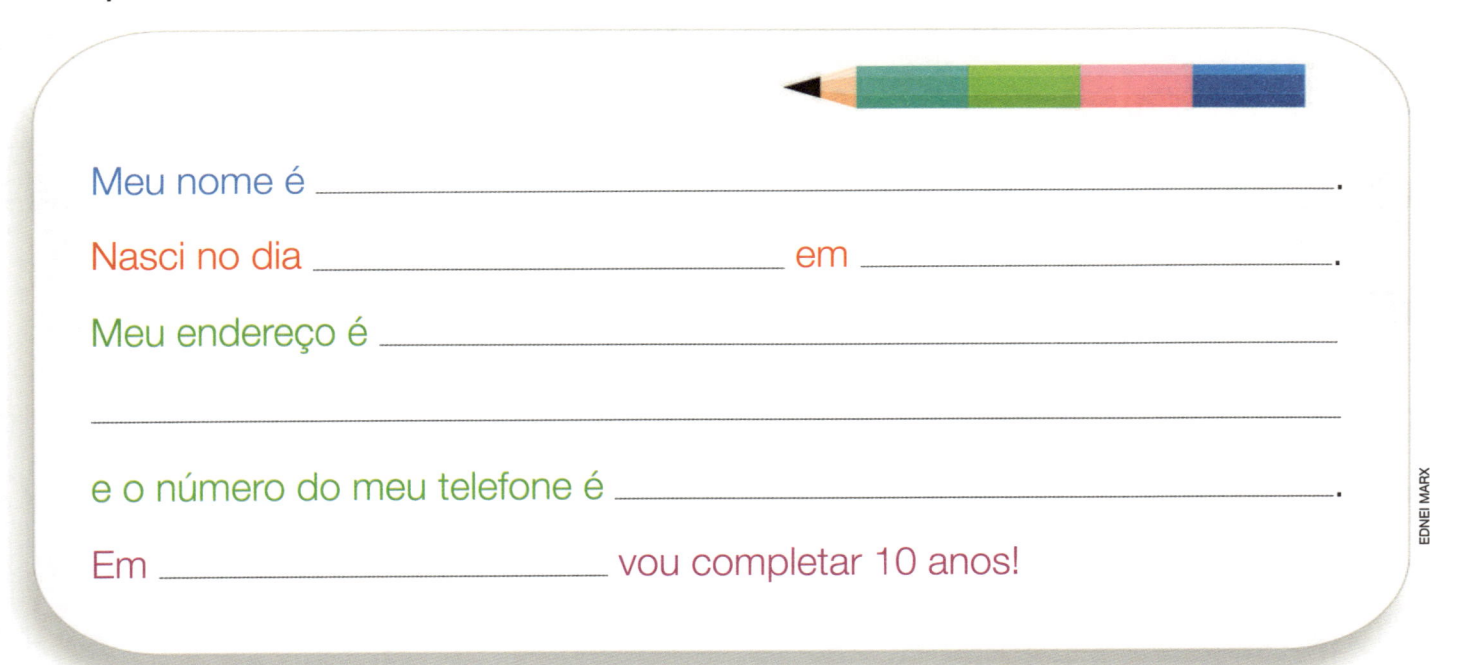

Meu nome é _____.

Nasci no dia _____ em _____.

Meu endereço é _____
_____

e o número do meu telefone é _____.

Em _____ vou completar 10 anos!

7 Com a ajuda de um adulto, escreva o que se pede.

a) A placa de um carro de sua família ou de um conhecido ▶ _____

b) O número do telefone de alguém que você conheça ▶ _____

c) O número da casa ou do apartamento onde mora um amigo seu ▶ _____

sessenta e cinco 65

2 | Os números nas revistas, nos jornais e nas embalagens

Aprendendo

- Cerque com uma linha os números que você identifica nestas informações.

Praticando

1 Recorte os números que você encontrar em revistas, jornais, embalagens ou rótulos e cole-os nos respectivos lugares.

Revistas

Jornais

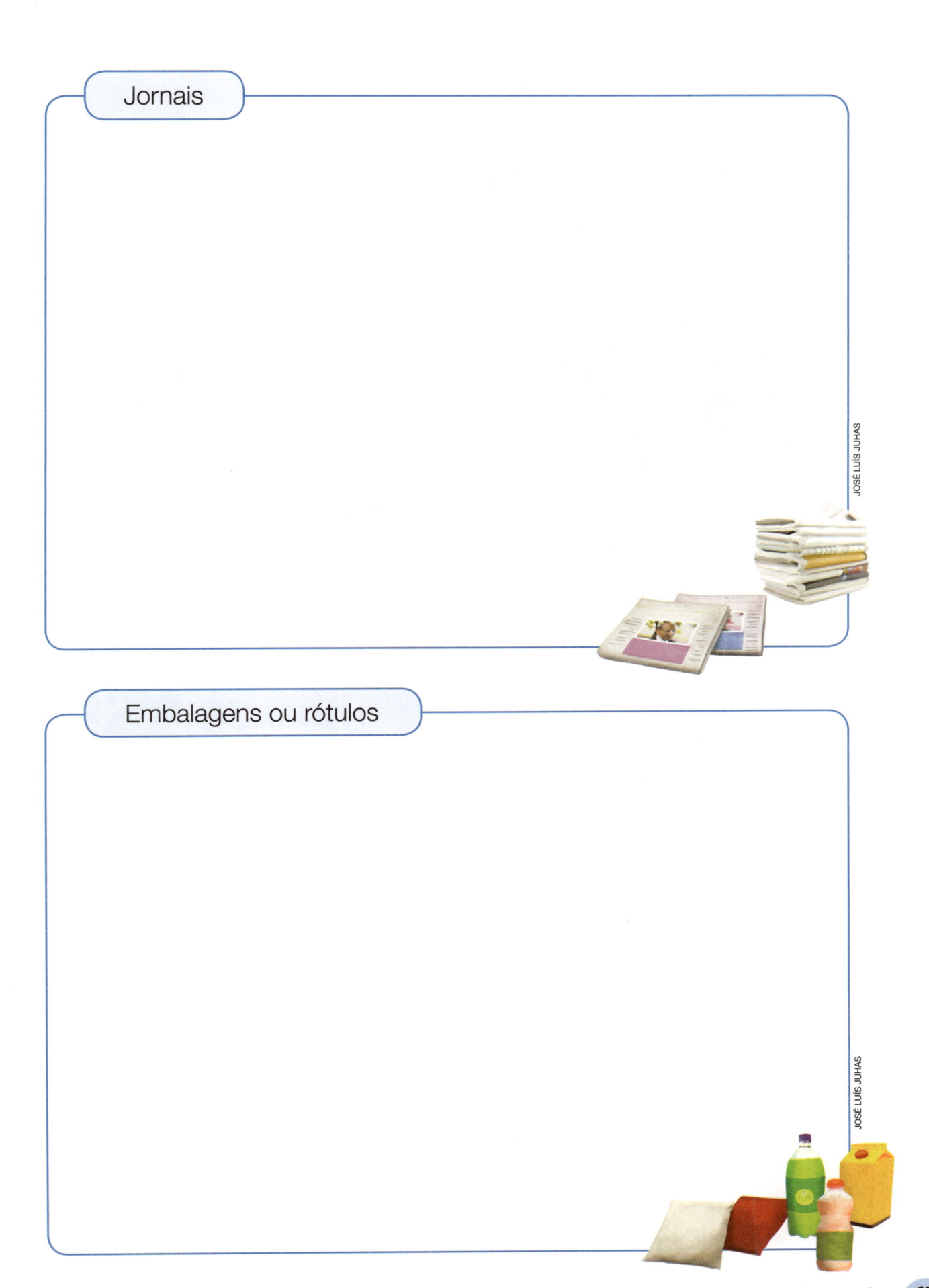

Embalagens ou rótulos

sessenta e sete 67

2 Observe o encarte de uma loja de brinquedos.

LOJA DE BRINQUEDOS

Boneca
45 reais

Carro a fricção
35 reais
680

Bicicleta
10 parcelas de **20** reais

Dinossauro
90 reais

Foguete
80 reais

Pode atingir até **3** metros de altura

- Agora, responda.

a) Qual é o preço da boneca? _____

b) Qual é o número do carro? _____

c) Em quantas parcelas podemos pagar a bicicleta? _____

d) Qual é o valor de cada parcela da bicicleta? _____

e) Qual é a altura máxima que o foguete pode atingir? _____

É hora da leitura!

Leia o texto a seguir com seus colegas e o professor.

O porco, a galinha, as estrelas

— Pronto, Porco. Estou aqui.

— Muito bem, Galinha. Preste atenção.

— Atenção...

— Vamos **contar** as estrelas.

— Contar as estrelas...

[...]

— Quantas você já contou, Galinha?

— Quatro.

— Só???!!!! Eu já estou em 112!

— Porco... Você já notou como elas faíscam?

— Faíscam?

— E como elas formam desenhos?

— Desenhos?

— Que se movem devagar...

— Galinha?

— Hum?

— Seus olhos estão cheios de estrelas.

— Acho que vou chorar...

— Chore, Galinha, chore e me ensine a contar estrelas, contar bem devagar...

Gilles Eduar. *Diálogos interessantíssimos*.
São Paulo: Companhia das Letrinhas, 2003.

- Agora, responda.

   a) Você já contou quantas estrelas existem no céu?

   _____

   b) Você acha possível contar quantas estrelas existem no céu?

   _____

sessenta e nove **69**

Praticando mais

1 Observe a imagem a seguir.

Promoções

- O urso PANDA — 8 reais
- Luli um cãozinho amigo — 12 reais
- A ilha do tesouro — 15 reais
- Coleção Folclore 5 CDs — 40 reais
- Conjunto de suporte para livros — 20 reais
- A Semana - Os 10 carros mais vendidos no Brasil — 9 reais
- Mochila — 6 parcelas de 14 reais

- Agora, responda.

    a) Qual é o preço do livro *A ilha do tesouro*? _____

    b) Quantos CDs formam a coleção de folclore? _____

    c) Em quantas parcelas o pagamento da mochila pode ser efetuado?
    _____

    d) A revista *A semana* apresenta os carros mais vendidos do Brasil. Quantos carros são indicados na capa da revista? _____

    e) Quanto custa o conjunto de suporte para livros? _____

    f) Quantos livros há na ilustração? _____

70 setenta

2 Observe a cena abaixo.

- Agora, faça o que se pede.

    a) Que número representa a rota do ônibus? _____

    b) Que número representa a temperatura? _____

    c) Cerque com uma linha o número que compõe a placa do carro.

    d) Por que cada uma das casas tem um número?

Desafio

Observe a imagem ao lado e marque com um **X** a resposta correta.

- Nessa mesa, há:

    ☐ mais carros.

    ☐ mais aviões.

    ☐ a mesma quantidade de carros e de aviões.

setenta e um 71

UNIDADE 5

Números de 0 a 10

Trocando ideias

1. Quantas vacas aparecem na cena?
2. Quantas galinhas há na cena?
3. Há mais galinhas ou porcos?

setenta e três 73

1 A história dos números

Aprendendo

Vou colocar no interior da figura uma pedrinha para cada ovelha que entrar no cercado.

Praticando

1 Pinte de 🟢 uma pedrinha para cada ovelha que está dentro do cercado e de 🔴 uma pedrinha para cada ovelha que está fora do cercado.

2 Há muito tempo, as pessoas costumavam registrar as quantidades fazendo marcas. Observe a ilustração a seguir.

Agora, invente uma forma para registrar nos quadrinhos azuis a quantidade de cachorros, de gatos e de coelhos.

setenta e cinco 75

2 Correspondência um a um

Aprendendo

Preciso colocar uma xícara em cima de cada pires.

Praticando

1 Ligue cada pincel à lata de tinta de mesma cor.

2 Para cada elemento (óculos, ursinho de pelúcia, cata-vento e pião) do quadro a seguir, pinte de 🔵 um quadradinho.

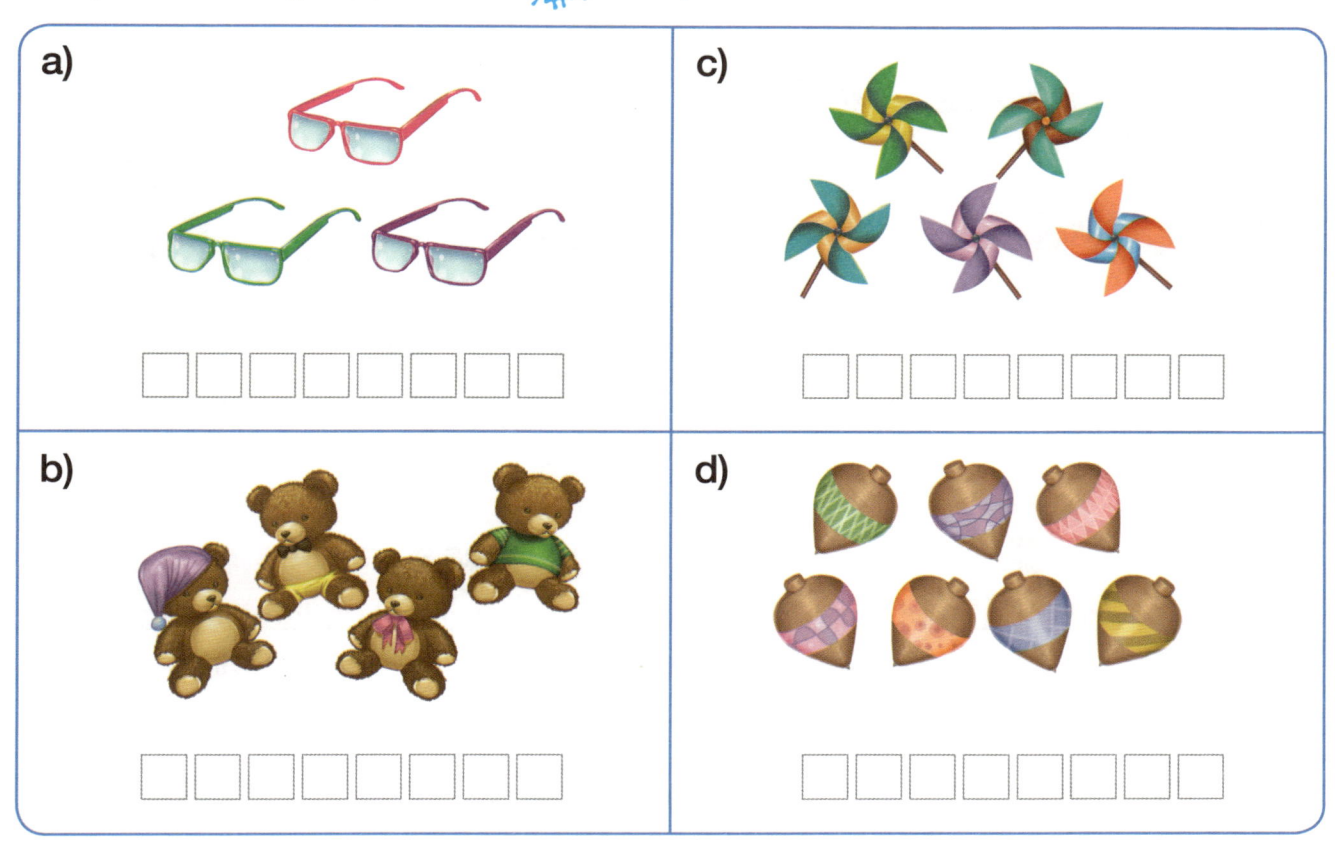

a)

c)

b)

d)

3 Observe as caixas e os grupos de bolinhas. Ligue os grupos de bolinhas às caixas correspondentes.

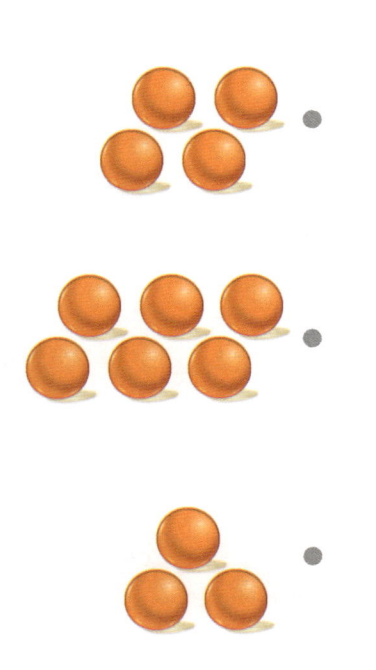

setenta e sete 77

4 Iaci está brincando de lançar argolas.

a) Pinte de 🟥 a estaca em que Iaci lançou mais argolas.

b) Cada bolinha abaixo corresponde a uma argola que Iaci acertou em cada estaca. Escreva o número da estaca que tem a quantidade de argolas correspondente ao grupo de bolinhas.

🟢🟢🟢🟢🟢 _____   🟢🟢🟢🟢 _____   🟢🟢🟢 _____

5 Desenhe no interior da caixa vermelha a mesma quantidade de bolinhas que há na caixa azul.

a)

b)

3 Quantidade

Aprendendo

1 Observe os pratos com biscoitos.

O prato amarelo é o que tem **menos** biscoitos.

O prato verde é o que tem **mais** biscoitos.

O prato azul e o prato laranja têm a **mesma quantidade** de biscoitos.

Praticando

1 Observe a placa que Ana está segurando.

a) Marque com um **X** a criança que segura a placa que tem **mais** estrelas que a placa de Ana.

Mário   Bruno   Isabela

b) Qual das crianças acima está segurando uma placa que tem **menos** estrelas que a placa de Ana?

setenta e nove 79

2 Destaque os quadros da página **A5** e cole no espaço a seguir o quadro que contém a **mesma quantidade** de brinquedos de Lucas.

Estes são os meus brinquedos.

3 Desenhe no interior da caixa amarela a **mesma quantidade** de bolas que há na caixa laranja.

4 Os números 1, 2 e 3

Aprendendo

Tenho **2** aviões.

Tenho **3** carrinhos.

Tenho **1** boneca.

Praticando

1 Iaci ganhou 1 boneca.

O número **1** corresponde a **uma** unidade.

- Marque com um **X** o quadro em que há 1 boneca.

oitenta e um 81

2 Lucas tem 2 aviões.

O número **2** corresponde a **duas** unidades.

- Pinte 2 dos aviões abaixo.

3 Bruno tem 3 lápis para pintar um desenho.

O número **3** corresponde a **três** unidades.

- Cerque com uma linha o grupo de 3 objetos iguais.

82 oitenta e dois

4 Treine a escrita dos números 1, 2 e 3.

1

um

2

dois

3

três

5 Reúna-se com um colega, observem a ilustração ao lado e, depois, respondam às questões.

a) Quantas crianças estão sentadas no banco?

_____

b) Quantas crianças estão de camiseta vermelha?

_____

6 Pinte o desenho de acordo com o código.

Código

• azul
•• amarelo
••• verde

oitenta e três

5 Os números 4, 5 e 6

Aprendendo

Tenho 6 livros.

Tenho 4 cadernos.

Tenho 5 lápis.

Praticando

1 Mário precisou de 4 folhas coloridas para a aula de Arte.

O número **4** corresponde a **quatro** unidades.

- Pinte o vaso que tem 4 flores.

2 Ana ganhou 5 borrachas com forma de bichinho.

O número **5** corresponde a **cinco** unidades.

- Marque com um **X** o quadro em que há 5 objetos.

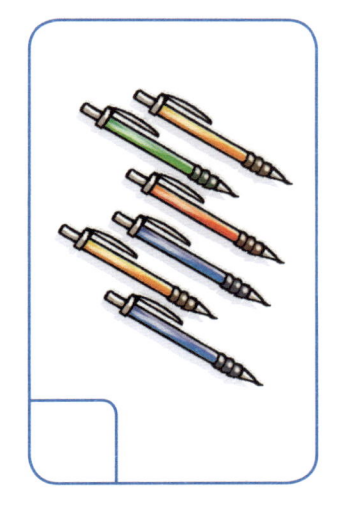

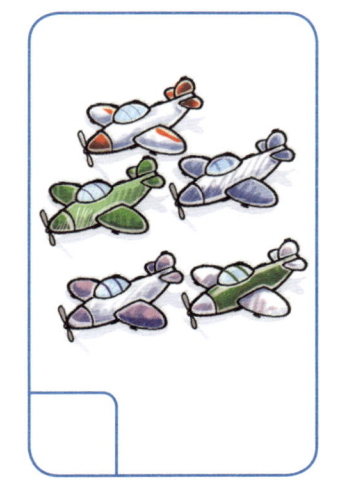

3 Bruno e sua família pediram uma *pizza* de 6 pedaços para o jantar. Para ajudar sua mãe, Bruno colocou sobre a mesa 6 copos descartáveis.

O número **6** corresponde a **seis** unidades.

- Pinte a *pizza* que está dividida em 6 pedaços.

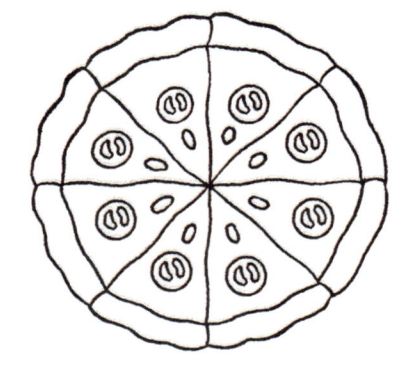

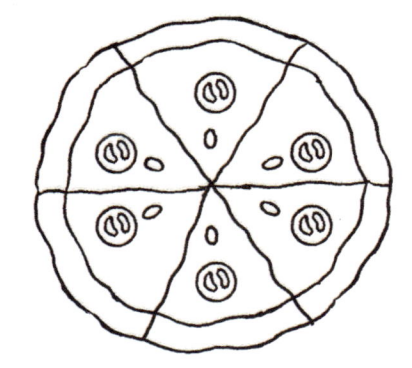

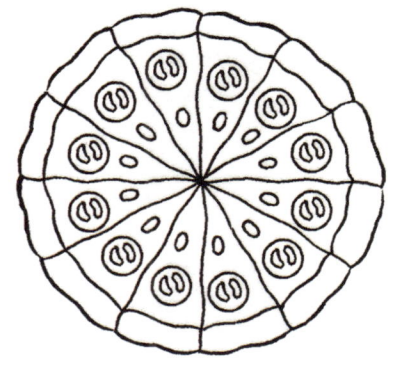

oitenta e cinco **85**

4 Treine a escrita dos números 4, 5 e 6.

4
quatro

5
cinco

6
seis

5 Observe a ilustração.

- Agora, pinte os quadrinhos de cada objeto representado abaixo de acordo com a quantidade de vezes que ele aparece na ilustração acima.

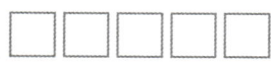

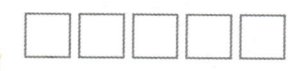

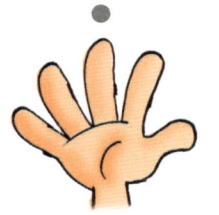

6 Ligue cada figura à quantidade correspondente indicada pelos dedos esticados das mãos.

7 Leia as dicas de Isabela, ligue cada brinquedo ao seu valor correspondente e complete a frase a seguir.

O brinquedo mais caro é o carrinho, e o mais barato é a bola.

O carrinho custa _____ reais, a bola custa _____ reais

e a boneca custa _____ reais.

oitenta e sete 87

6 Os números 7, 8 e 9

Aprendendo

Vou comprar 7 laranjas.

Vou comprar 9 pães.

Vou comprar 8 pacotes de biscoito.

Praticando

1 Continue pintando o arco-íris abaixo com as cores indicadas.

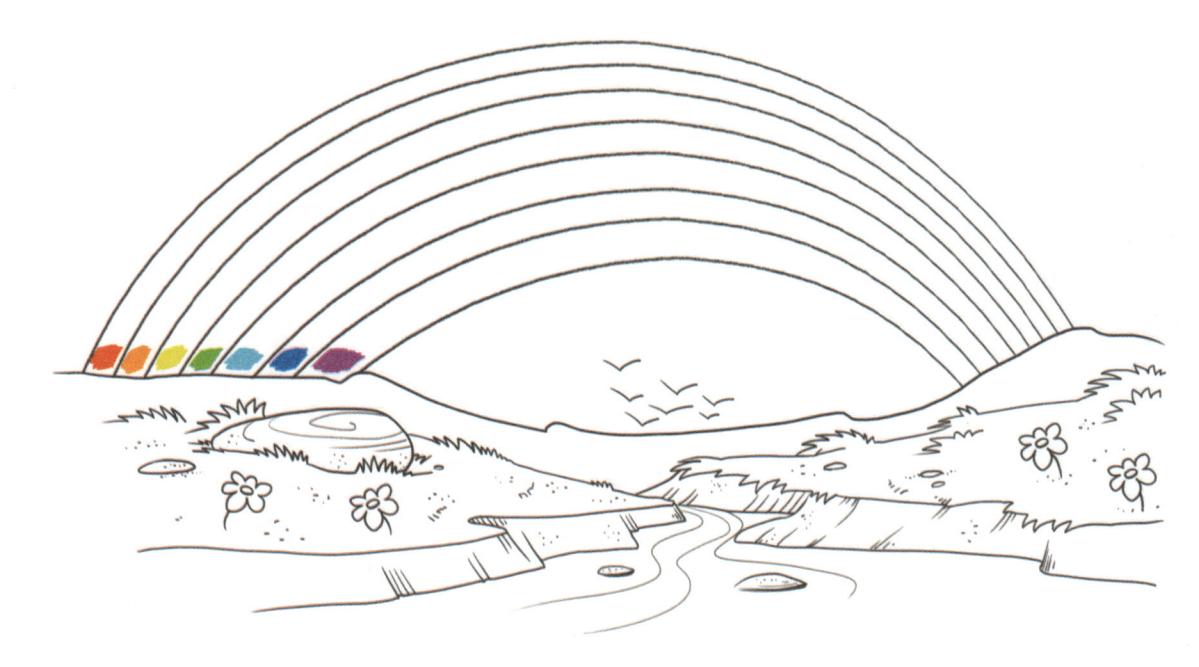

- Quantas cores tem esse arco-íris?

88 oitenta e oito

2 O pai de Mário usou 7 laranjas para fazer suco.

O número **7** corresponde a **sete** unidades.

- Desenhe no espaço abaixo 7 copos de suco.

3 A avó de Iaci fez 8 potinhos de salada de frutas para sua família.

O número **8** corresponde a **oito** unidades.

- Marque com um **X** o quadro em que há 8 frutas.

oitenta e nove 89

4 Lucas regou seu vaso que tem 9 tulipas.

O número **9** corresponde a **nove** unidades.

- Cerque com uma linha 9 regadores.

5 Treine a escrita dos números 7, 8 e 9.

7

sete

8

oito

9

nove

6 Escreva o número que representa a quantidade de bolas em cada quadro.

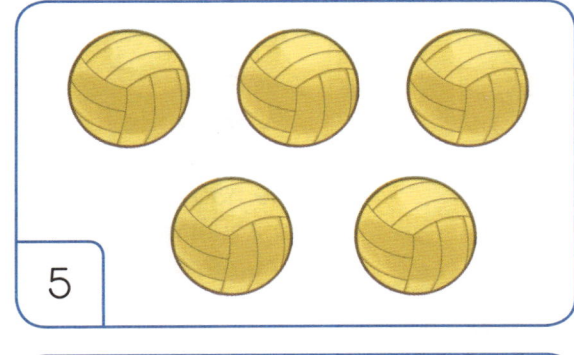

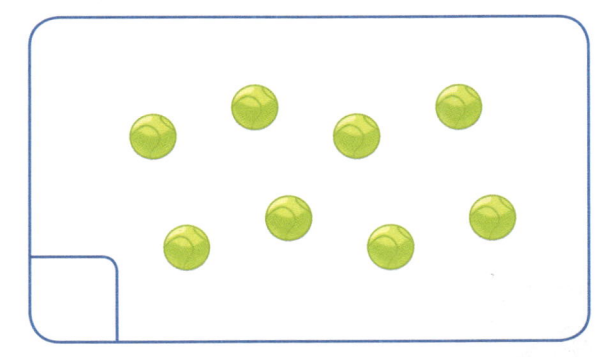

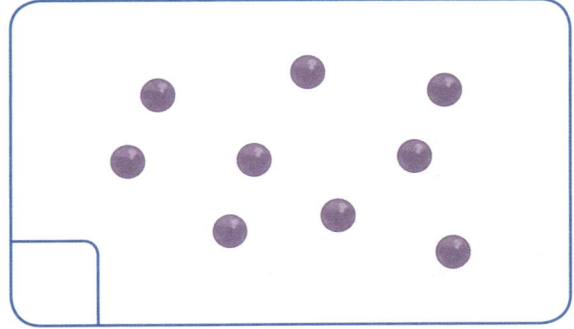

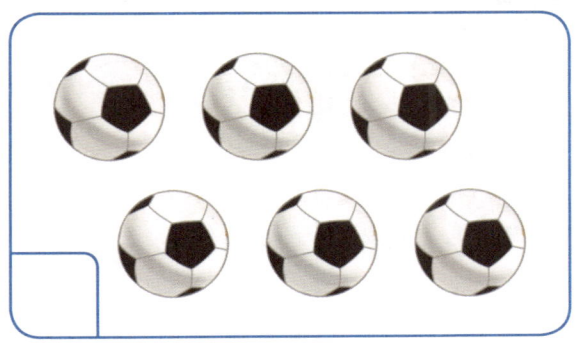

5	

7 Observe os exemplos e pinte a quantidade de quadrinhos indicada pelo número em cada coluna.

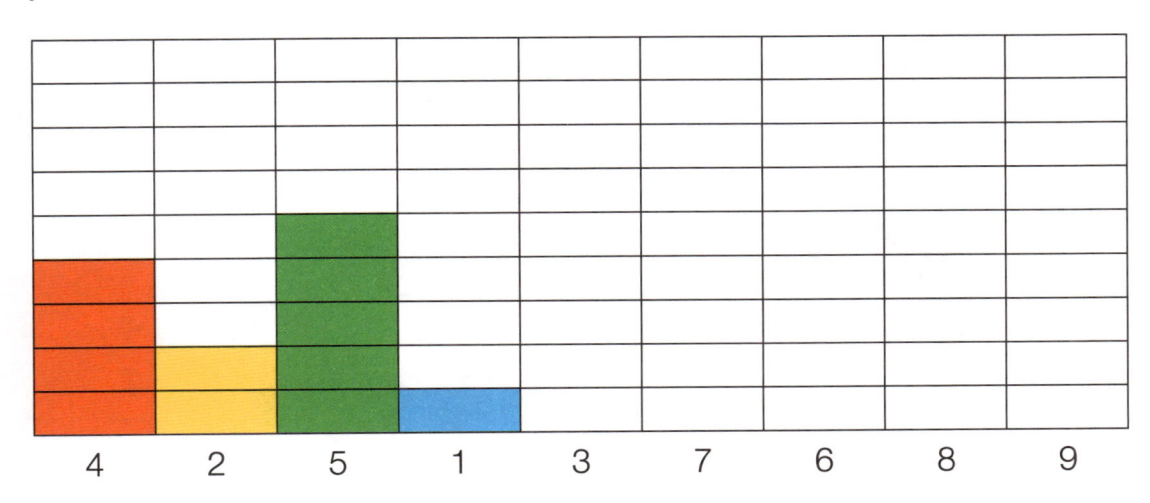

4 2 5 1 3 7 6 8 9

8 Escreva por extenso os números de 1 até 9.

1 _____   4 _____   7 _____

2 _____   5 _____   8 _____

3 _____   6 _____   9 _____

noventa e um 91

7 O número zero

Aprendendo

Não há peixes no aquário!

*Você pode representar a ideia de que não há peixes no aquário com o número **zero**.*

Praticando

1 Escreva o número que representa a quantidade de peixinhos em cada aquário.

92 noventa e dois

2 Escreva o número de crianças que há em cada quadro.

☐   ☐   ☐

3 Treine a escrita do número zero.

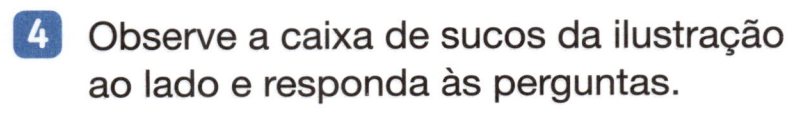

0

zero

4 Observe a caixa de sucos da ilustração ao lado e responda às perguntas.

a) Se a caixa estivesse completa, quantos sucos haveria nela? _____

b) Como a caixa está vazia, quantos sucos há? _____

5 Atenção para o lançamento de um foguete ao espaço!

- Complete a contagem regressiva para o lançamento desse foguete.

  10, 9, 8, 7, _____, _____, _____, _____, _____, _____, _____

Foguete *Ariane-5*, lançado em 18 de junho de 2016.

noventa e três 93

8 Sequência dos números de 0 a 9

Aprendendo

Um cubo, dois cubos, três cubos, quatro cubos, cinco cubos, ...

Praticando

Escreva nos quadros a quantidade de bolinhas que há em cada grupo.

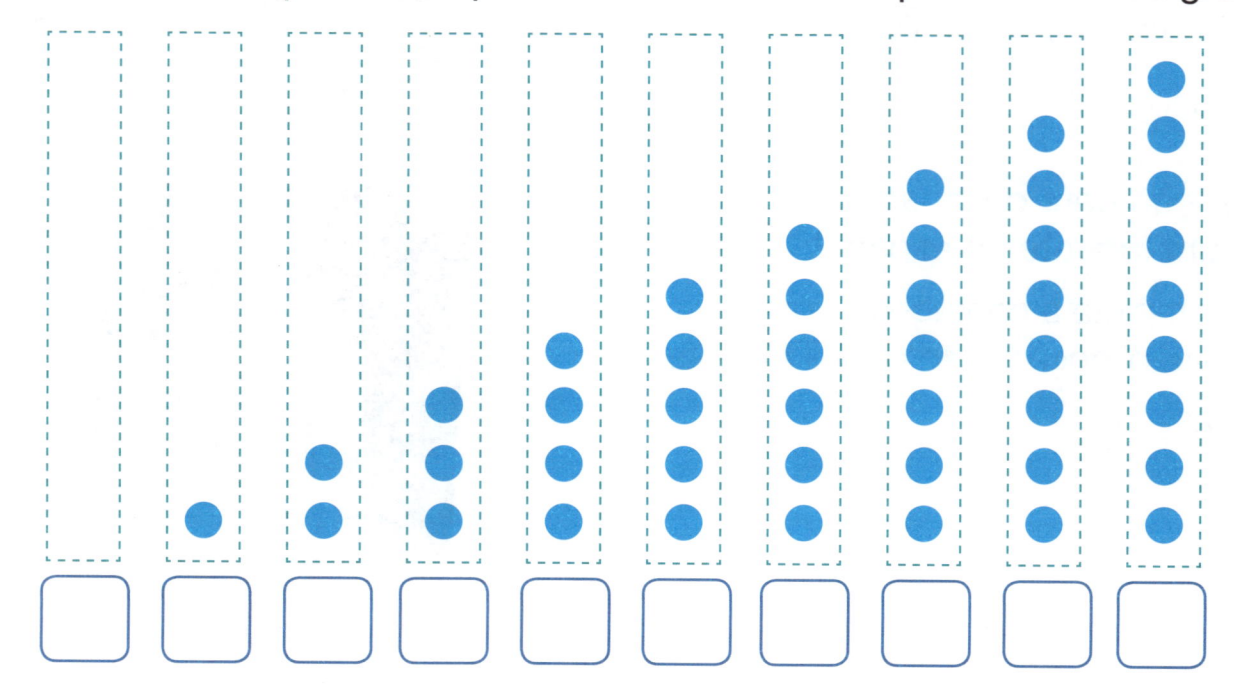

94 noventa e quatro

9 O número 10

🎓 Aprendendo

*Tenho **dez** dedos nas mãos, ou seja, **dez** unidades.*

*Podemos escrever o número **dez** desta maneira.*

10

✏️ Praticando

1 Pinte 10 cajus.

2 Marque com um **X** o quadro em que há 10 gatinhos.

noventa e cinco 95

Jogando e aprendendo
Amarelinha

Vamos brincar de pular amarelinha?

Com a ajuda do professor, faça no chão da quadra, do pátio da escola ou em outro lugar indicado por ele um desenho como o mostrado ao lado.

As casas devem ter tamanho adequado para caber seu pé. Você vai precisar de uma pedra pequena ou outro objeto para ser arremessado.

Convide seus colegas para brincar!

Maneira de brincar

1. A partir da casa **Início**, você deve ir pulando nas casas numeradas até chegar à casa **Fim** e voltar pelo mesmo caminho até chegar novamente à casa **Início**. Você deve colocar apenas 1 pé em cada casa numerada sem pisar nas linhas e sem pisar na casa em que estiver a pedra.

2. Na primeira rodada, jogue a pedra na casa 1 e pule, pisando com um pé na casa 2 e o outro na casa 3. Continue pulando até chegar à casa **Fim**. Na volta, pare nas casas 2 e 3 para pegar a pedra e pule para a casa Início sem pisar na casa 1.

ILUSTRAÇÕES: EDNEI MARX

96 noventa e seis

3. Na próxima rodada, jogue a pedra na casa 2. Pule com um dos pés na casa 1, depois na casa 3 e siga até chegar à casa **Fim**. Na volta, pare na casa 3 e, sem encostar o outro pé no chão, pegue a pedra. Por fim, pule na casa 1 com um dos pés e pule para a casa Início.

4. Vá jogando a pedra conforme a sequência dos números até a casa 10.

5. Se você errar a casa ao jogar a pedra, colocar os dois pés na mesma casa numerada ou pisar na linha, deve passar a vez para o jogador seguinte.

6. Sempre que voltar para sua vez, recomece de onde parou.

7. Ganha quem conseguir completar mais rodadas.

Agora, responda.

- Mário e Iaci estão brincando de amarelinha. Qual é o número da casa em que Mário jogou a pedrinha? _____

- Qual é o número da casa em que Mário está? _____

noventa e sete 97

Ouvindo e relacionando

Ouça a leitura do seu professor e divirta-se!

Mariana conta!

Mariana conta um,
Mariana conta um,
é um, é um, é Ana.
Viva Mariana! Viva Mariana!

Mariana conta dois,
Mariana conta dois,
é um, é dois, é Ana.
Viva Mariana! Viva Mariana!

Mariana conta três,
Mariana conta três,
é um, é dois, é três, é Ana.
Viva Mariana! Viva Mariana!

Mariana conta quatro, ...
Mariana conta cinco, ...
Mariana conta seis, ...
Mariana conta sete, ...
Mariana conta oito, ...
Mariana conta nove, ...

Mariana conta dez,
Mariana conta dez, é 1, é 2, é 3, é 4, é 5,
é 6, é 7, é 8, é 9, é 10, é Ana.
Viva Mariana, viva Mariana!

Da tradição popular.

98 noventa e oito

10 Igual ou diferente

Aprendendo

1 Observe a ilustração abaixo.

Há uma cenoura para cada coelho.

*A quantidade de coelhos é **igual à** quantidade de cenouras.*

Três é **igual a** três.

Indicamos assim: 3 = 3

O sinal = indica que há a **mesma quantidade** de elementos nos grupos considerados.

noventa e nove 99

1. Observe a ilustração a seguir.

Há uma maçã para cada criança e ainda sobra uma maçã.

*A quantidade de crianças é **diferente** da quantidade de maçãs.*

Dois é **diferente** de três.

Indicamos assim: 2 ≠ 3

O sinal ≠ indica que há **quantidades diferentes** de elementos nos grupos considerados.

Praticando

1 Conte os elementos de cada grupo. Em seguida, escreva as quantidades e use os sinais = ou ≠.

a) ☐ ----- ☐

b) ☐ ----- ☐

c) ☐ ----- ☐

d) ☐ ----- ☐

2 Conte os quadradinhos. Em seguida, registre as quantidades e complete corretamente com os sinais = ou ≠.

a) ☐

b) ☐

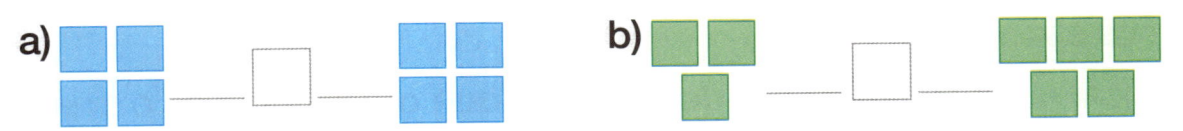

cento e um **101**

11 Menor que ou maior que

Aprendendo

1 Observe esta ilustração.

*A quantidade de cachorros é **menor que** a quantidade de bolas!*

Três é **menor que** quatro.

Indicamos assim: 3 < 4

Para indicar que **uma quantidade é menor que outra**, usamos o sinal <.

102 cento e dois

1. Observe a situação a seguir.

*A quantidade de crianças é **maior que** a quantidade de raquetes!*

Três é **maior que** dois.

Indicamos assim: 3 > 2

Para indicar que **uma quantidade é maior que outra**, usamos o sinal >.

Praticando

1 Observe a ilustração abaixo e responda.

a) Quantos pinos Mário derrubou? _____

b) Quantos pinos Ana derrubou? _____

c) Quem derrubou mais pinos? Marque com um **X**.

Mário ☐   Ana ☐

2 Complete os espaços, usando os sinais < ou >.

a) 2 ____ 4

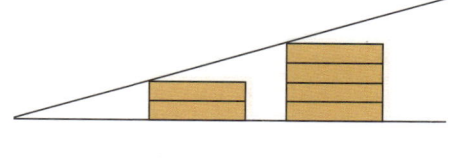

b) 3 ____ 6

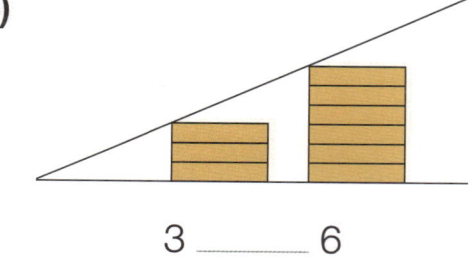

c) 5 ____ 3

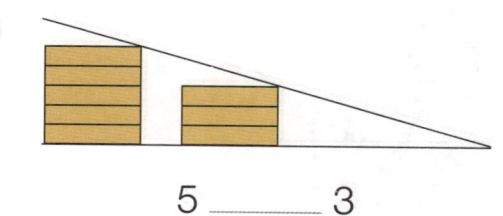

d) 5 ____ 1

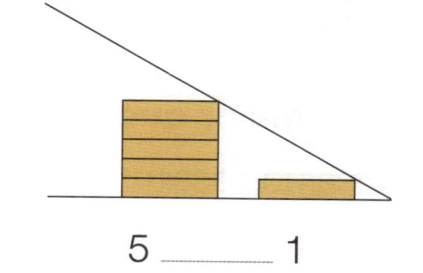

104 cento e quatro

3 Cerque com uma linha os números que são menores que 5 e marque com um **X** os números que são maiores que 5.

1 5 3 8 4 6 9 0 2 7

4 Marque com um **X** a resposta correta em cada caso.

a) 2 é menor que 5?   Sim ☐   Não ☐

b) 6 é menor que 4?   Sim ☐   Não ☐

c) 7 é menor que 8?   Sim ☐   Não ☐

d) 9 é menor que 7?   Sim ☐   Não ☐

5 Mário fez uma sequência de cartões. Observe.

| 9 | > | 6 | > | 4 | > | 3 |

Agora, ajude Mário a completar as sequências abaixo.

a) 6 ☐ 5 ☐ 4 ☐ 3

b) 6 ☐ 7 ☐ 8 ☐ 9

c) 8 ☐ 5 ☐ 3 ☐ 1

d) 2 ☐ 3 ☐ 7 ☐ 9

12 Ordem crescente ou ordem decrescente

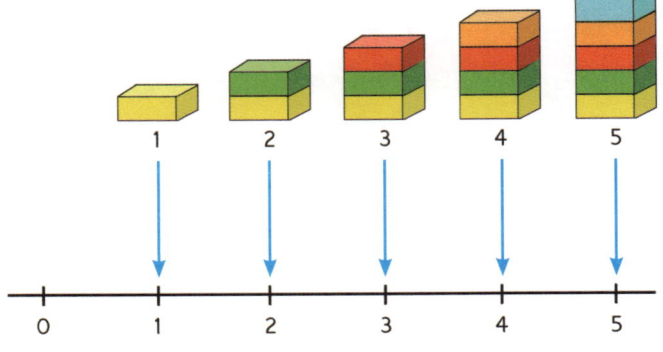

Aprendendo

"Em cada coluna, coloquei uma peça **a mais** que na coluna anterior."

"As colunas estão na **ordem crescente** de quantidade de peças."

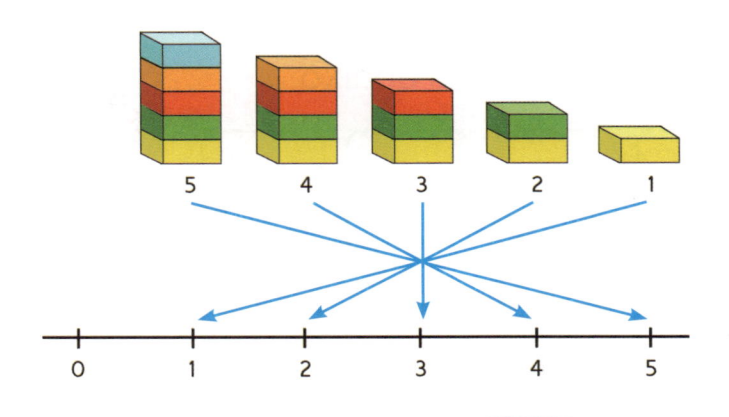

"Cada coluna tem uma peça **a menos** que a coluna anterior."

"As colunas estão na **ordem decrescente** de quantidade de peças."

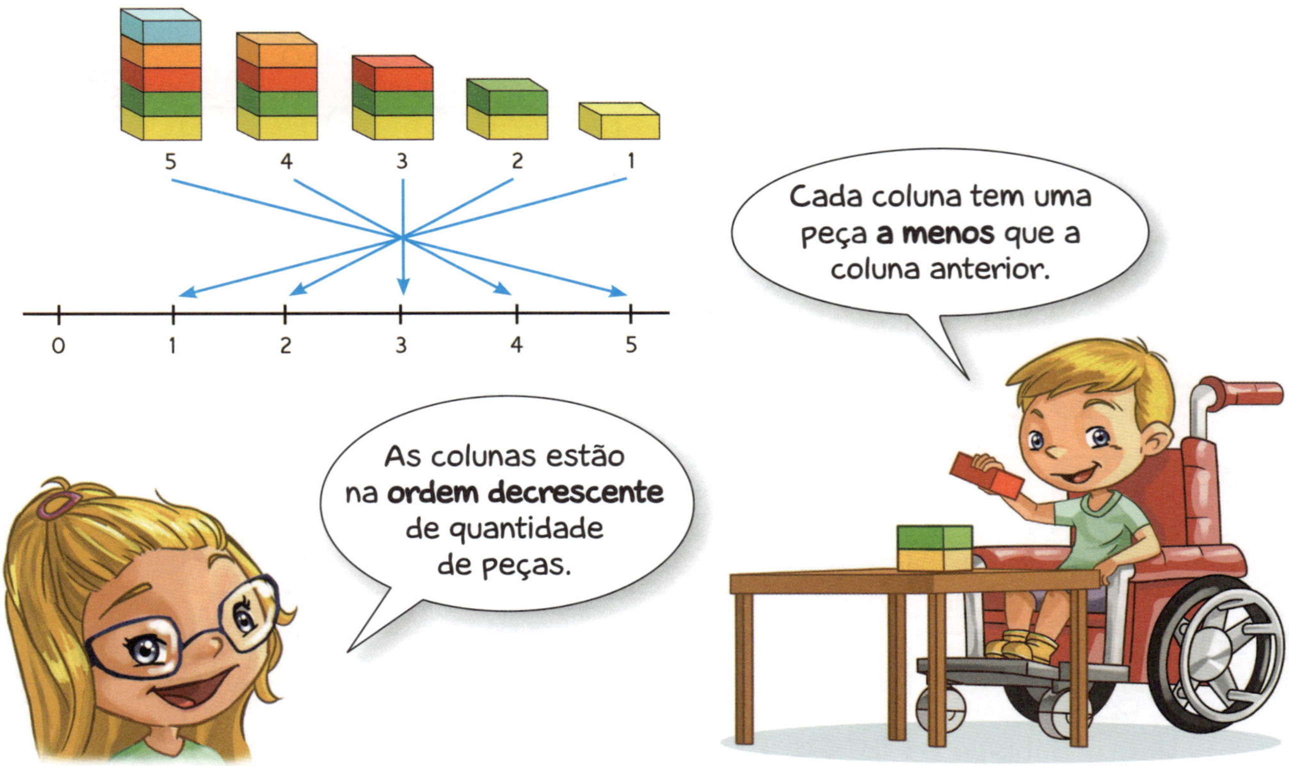

106 cento e seis

Praticando

1 Quantas caixas há em cada coluna?

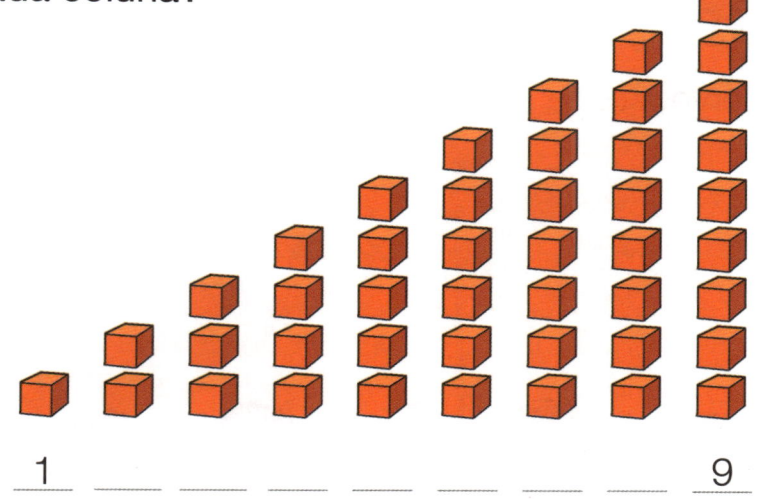

<u>1</u> _ _ _ _ _ _ _ <u>9</u>

As caixas estão organizadas em:

☐ **ordem crescente** de quantidade.

☐ **ordem decrescente** de quantidade.

2 Quantas bolas há em cada coluna?

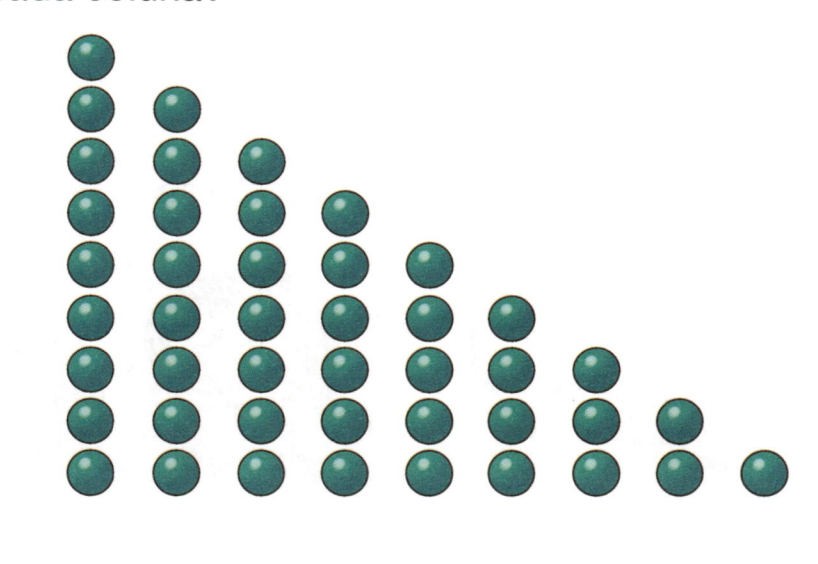

As bolas estão:

☐ em **ordem crescente** de quantidade.

☐ em **ordem decrescente** de quantidade.

cento e sete 107

13 Primeiro e último

Aprendendo

1. Observe a cena a seguir.

Lucas é o **primeiro** da fila.

Bruno é o **último** da fila.

Praticando

1. As crianças cruzarão a linha de chegada nesta ordem:

a) Pinte de 🟢 a camiseta de quem chegará **primeiro**.

b) Pinte de 🔴 a camiseta de quem chegará por **último**.

108 cento e oito

2 Marque com um **X** a janela do **último** andar do prédio abaixo.

14 Números que indicam ordem

Aprendendo

Fiquei em **terceiro** lugar!

Venci a gincana!

Fiquei em **segundo** lugar!

cento e nove **109**

Praticando

Observe abaixo os cinco carros mais bem classificados em uma corrida.

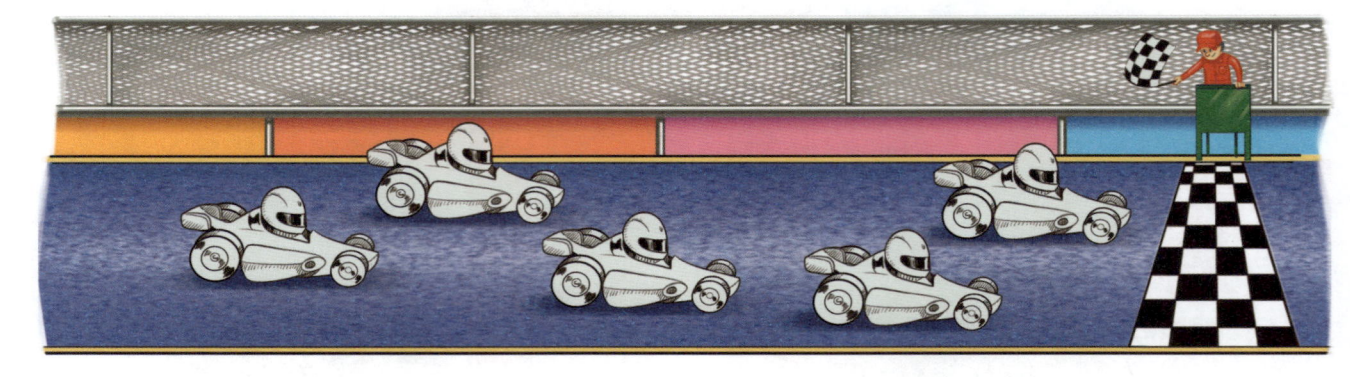

a) Pinte de 🔴 o carro que está em **1º** (**primeiro**) lugar.

b) Pinte de 🟡 o carro que está em **3º** (**terceiro**) lugar.

c) Pinte de 🟢 o carro que está em **4º** (**quarto**) lugar.

d) Pinte de 🟠 o carro que está em **2º** (**segundo**) lugar.

e) Pinte de 🔵 o carro que está em **5º** (**quinto**) lugar.

15 Caminhos

Aprendendo

Iaci foi ao mercado. Veja o caminho que ela fez.

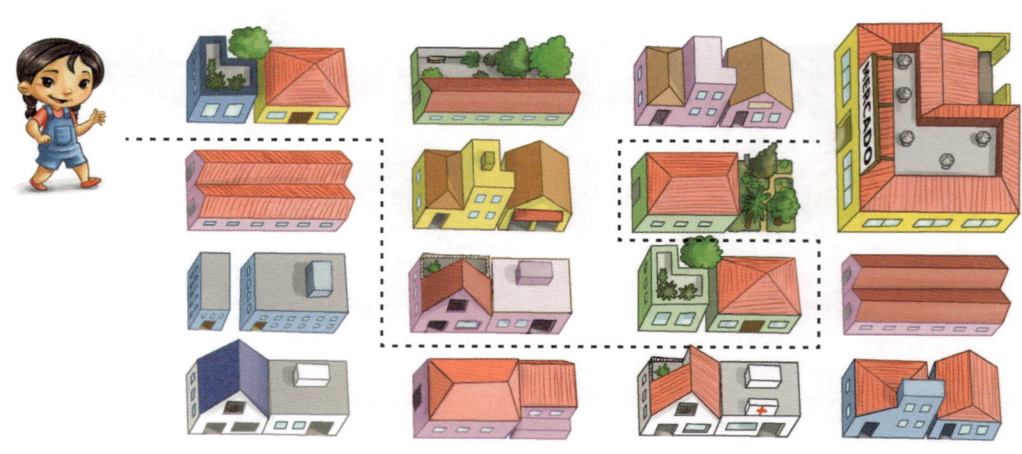

- Indique o caminho mais curto que Iaci poderia ter feito para chegar ao mercado.

110 cento e dez

Praticando

1 O robô representado ao lado só se movimenta sobre as linhas do chão. Veja o caminho que ele fez para pegar uma ferramenta.

- Marque na malha um caminho mais curto para o robô pegar a ferramenta. Depois, compare o caminho que você fez com o de um colega para descobrir quem marcou o caminho mais curto.

2 Allan e Beatriz fizeram o mesmo caminho para ir ao *pet shop*.

Da farmácia ao *pet shop*, Allan deu 8 passos.

Da farmácia ao *pet shop*, Beatriz deu 5 passos.

- Explique por que, ao fazer o mesmo caminho, Allan deu mais passos que Beatriz. Converse com os colegas sobre isso.

cento e onze 111

Tratando a informação

Coleta e organização de dados

1 Observe as plaquinhas que o professor distribuiu para seus alunos.

Futebol   Basquete   Voleibol   Tênis

Veja que cada uma delas representa um esporte: futebol, basquete, voleibol e tênis.

Depois, o professor pediu a cada aluno que levantasse a plaquinha referente ao esporte de que mais gosta.

112 cento e doze

O professor marcou no quadro branco um traço para cada escolha feita.

a) Termine de registrar os dados coletados.

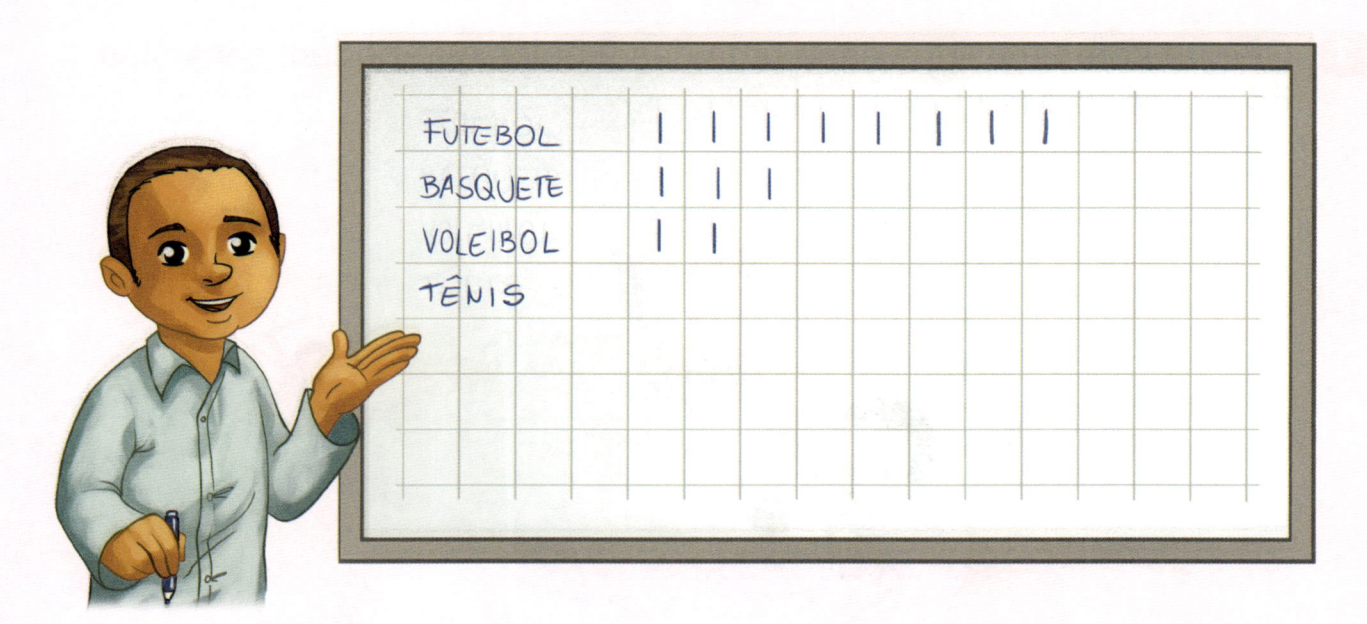

FUTEBOL	I I I I I I I I
BASQUETE	I I I
VOLEIBOL	I I
TÊNIS	

b) Que esporte recebeu mais votos? _____

c) Quantos alunos gostam mais de voleibol? _____

2 Maçã, banana, morango ou mamão? Pergunte aos alunos de sua turma de qual dessas frutas eles mais gostam. Em seguida, anote a resposta de cada um no espaço abaixo.

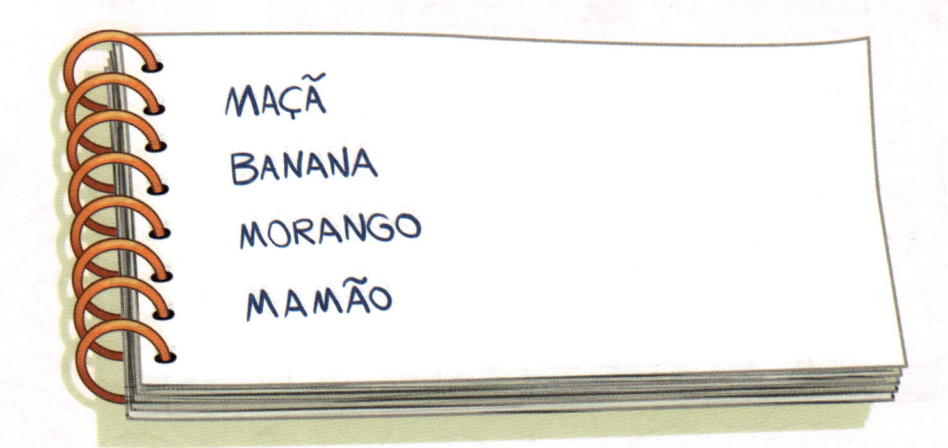

MAÇÃ

BANANA

MORANGO

MAMÃO

a) Qual fruta foi a mais votada? _____

b) Quantos votos recebeu a fruta menos votada? _____

cento e treze **113**

Praticando mais

1 Cerque com uma linha cada uma das 9 bolas que podem ser vistas no quarto de Mário.

2 Pinte de 🔵 8 bananas, de 🔴 9 maçãs e de 🟢 7 abacates.

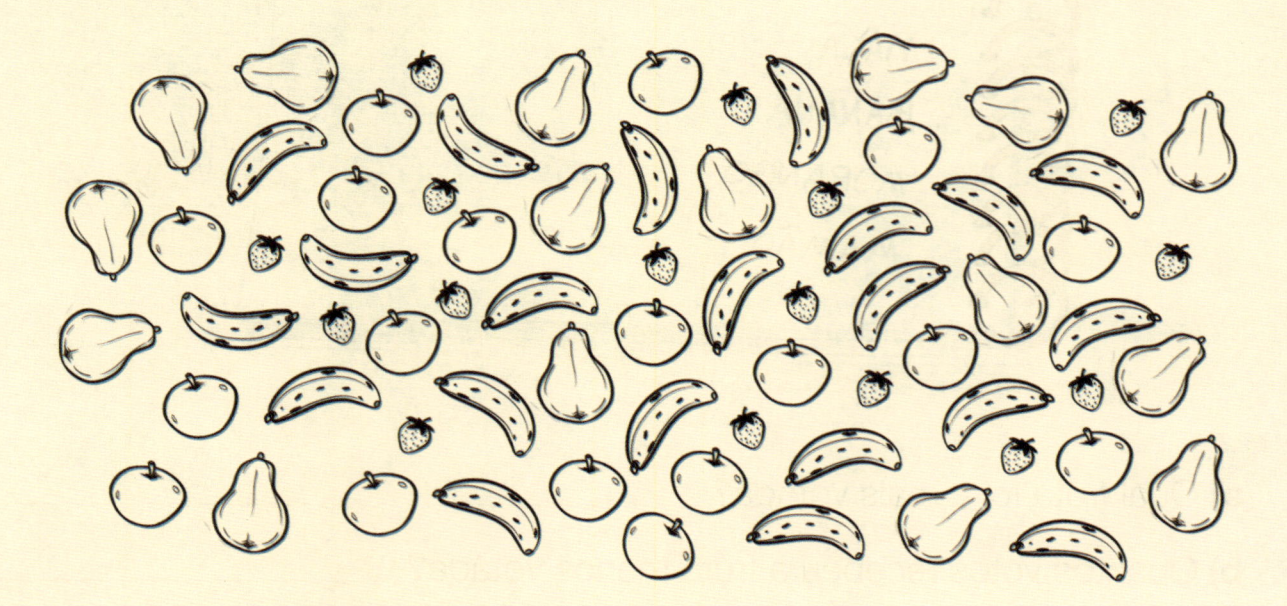

3 Complete a sequência numérica de 0 a 10.

| 0 | | 2 | | | 5 | | | 8 | | 10 |

4 Observe o trenzinho e complete.

a) A cor do _____ vagão é azul.

b) A cor do _____ vagão é amarela.

c) A cor do _____ vagão é vermelha.

Bexigas numeradas
Complete as sequências numéricas com as bexigas certas.

Desafio

Em cada caso há mais objetos que a quantidade indicada. Risque os objetos que estão sobrando para que cada quadro fique com a quantidade correta.

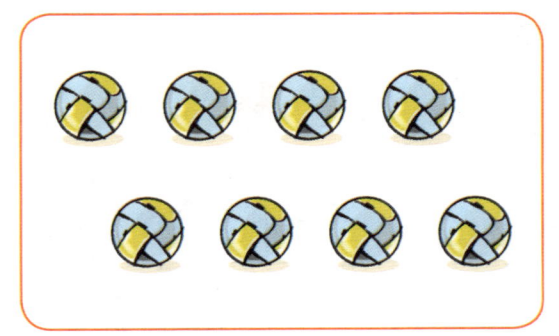

6

5

cento e quinze 115

UNIDADE 6

Noções de temperatura e medidas de capacidade

Trocando ideias

1. Você acha que o menino da cena está vestido adequadamente? Justifique sua resposta.
2. Com o conteúdo de suco que está na jarra é possível encher mais ou menos do que 15 copos?

cento e dezessete 117

1 Mais quente ou menos quente

Aprendendo

1. Isabela ajudou sua mãe a pôr a mesa do almoço e notou que a lasanha estava mais quente que o suco.

Praticando

1. Marque com um **X** a cena em que o ambiente parece estar menos quente.

2 Desenhe: uma pessoa em um dia que esteja bem quente e um cachorro em um dia que esteja bem frio.

Pessoa em dia bem quente

Cachorro em dia bem frio

2 Cabe mais ou cabe menos

Aprendendo

Vamos levar o aquário em que cabe mais água, assim os peixinhos terão mais espaço para nadar.

Então, levaremos o aquário B.

Praticando

1 Observe as garrafas abaixo.

a) A garrafa que contém menos líquido tem a tampa de qual cor?

_____

b) Qual é a cor da tampa da garrafa em que cabe mais líquido?

120 cento e vinte

2 O professor de Iaci escreveu no quadro de giz o nome de alguns objetos. Depois, ele pediu aos alunos que organizassem esses dados em um quadro indicando em quais objetos cabia mais ou menos água do que em uma xícara de café.

- BALDE
- COLHER
- CAIXA DE LEITE LONGA VIDA
- SERINGA
- PISCINA

- Ajude Iaci a preencher o quadro que ela fez em seu caderno.

Cabe menos do que em uma xícara de café	Cabe mais do que em uma xícara de café

3 O litro

Aprendendo

A **unidade** usada para medir a **capacidade** dos recipientes que acondicionam líquidos é o **litro**.

cento e vinte e um **121**

Praticando

1 Marque com um **X** as mercadorias que compramos por litro.

2 Tia Luísa foi à mercearia fazer compras.
Ao lado estão os produtos que ela comprou.

a) Quantos produtos tia Luísa comprou? _____

b) Quantos litros ela comprou de cada um deles?

☐ Leite   ☐ Suco de uva   ☐ Água

c) Quantos litros tia Luísa comprou no total? _____

Curiosidade

Água

De toda a água existente no nosso planeta, apenas uma pequena parte é destinada ao consumo humano.

Se toda a água do planeta coubesse em uma garrafa de 1 litro (1 L), apenas meia gotinha estaria disponível para beber.

Devemos preservar a água. Ela é muito importante para todos os seres vivos.

3 Observe com atenção esta cena.

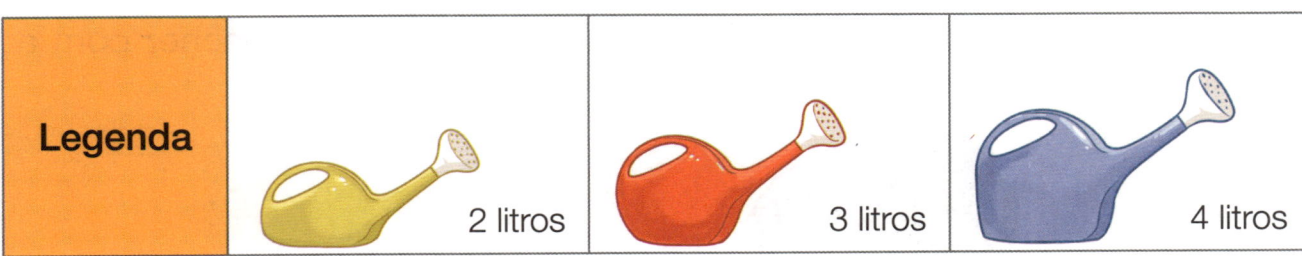

| Legenda | 2 litros | 3 litros | 4 litros |

a) Qual é a cor do regador que pode conter a maior quantidade de água?

_____

b) Qual é a cor do regador que, quando inteiramente cheio, contém a menor quantidade de água em relação aos outros? _____

c) Quando cheios, quantos litros de água podem conter esses três regadores juntos? _____ + _____ + _____ = _____

d) Um jardim precisa ser regado com 6 litros de água. Marque com um **X** as opções abaixo que poderão ser usadas para regar o jardim.

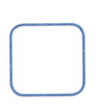

cento e vinte e três 123

4 Cole no espaço a seguir o rótulo de algum produto que mostre a quantidade de líquido que a embalagem acondiciona.

5 Veja quantos copos iguais de suco Bruno conseguiu encher com a jarra que não estava cheia.

a) Sabendo que para encher de suco 4 copos iguais aos apresentados acima é necessário 1 litro de suco, marque com um **X** a que conclusão você pode chegar.

☐ Na jarra de Bruno havia 1 litro de suco.

☐ Na jarra de Bruno havia menos de 1 litro de suco.

b) Se Bruno precisasse encher 8 copos de suco como os apresentados acima, quantos litros de suco seriam necessários? _____

6 Cerque com uma linha os recipientes cuja capacidade é menor que um litro.

7 Observe as ilustrações a seguir.

"Esta jarra tem capacidade de 1 litro."

- Agora, pinte a quantidade de copos que cada jarra poderá encher, sabendo que os copos abaixo têm a mesma capacidade dos copos acima e que as jarras abaixo têm a mesma capacidade da jarra acima.

cento e vinte e cinco 125

8 Leia a receita de suco especial de uva.

Suco especial de uva

Ingredientes
- 1 litro de suco de uva concentrado
- 1 xícara de suco de laranja
- 1 maçã
- 1 cacho de uvas
- Gelo
- Açúcar

Modo de fazer

Peça a um adulto que corte a maçã em cubinhos e as uvas em pedacinhos.
Coloque em uma jarra o suco de uva concentrado, o suco de laranja, as frutas picadinhas e bastante gelo. Adoce a gosto e beba na hora do lanche.

CAROLINA ANTUNES

a) Pinte o quadro correspondente à quantidade de litros de suco que será obtida.

| menos de 1 litro | 1 litro | mais de 1 litro |

b) Explique aos colegas como você chegou a essa conclusão.

Praticando mais

1 Uma jarra cheia de suco enche 4 copos. Observe a imagem ao lado.

- Duas dessas jarras cheias de suco enchem no máximo quantos copos?

_____

2 Quantas garrafas de 1 litro conseguimos encher com um galão de 5 litros de água?

_____

Desafio

Ana precisa encher um balde com 8 litros de água.
Ela só poderá usar a água de dois dos recipientes mostrados ao lado. Cerque com uma linha os recipientes que ela poderá usar.

UNIDADE 7
Adição e subtração

128 cento e vinte e oito

Trocando ideias

1. Quantas garrafas PET estão no chão, próximas à criança de camiseta branca?
2. Quantas garrafas PET estão no chão, próximas à criança de camiseta vermelha?
3. Quantas garrafas PET com tampa vermelha, ao todo, há no chão?
4. Que materiais recicláveis foram reutilizados na decoração da sala de aula?

cento e vinte e nove

1 Significados da adição

🎓 Aprendendo

1. Analise a imagem a seguir.

> **Dois** mais **quatro** é igual a **seis**.

> Quando **juntamos** uma quantidade à outra, efetuamos uma **adição**.

2 + 4 = 6

O sinal da adição é +.

Juntar é um dos significados da adição.

2. Agora, observe estas outras imagens.

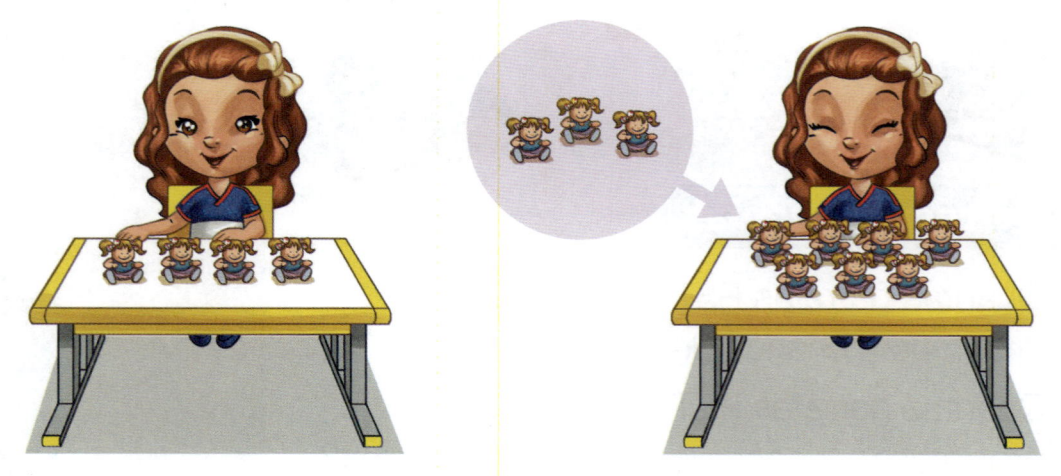

Isabela tinha **4** bonecas, ganhou **mais 3** e ficou com **7**.

4 + 3 = 7

Outro significado da adição é o de **acrescentar**.

130 cento e trinta

Praticando

1 Observe os carrinhos de Lucas e de Mário.

Eu tenho 4 carrinhos!

Lucas

Eu tenho 2 carrinhos!

Mário

- Juntos, Lucas e Mário têm quantos carrinhos? Complete.

    4 **mais** 2 **é igual a** _____ .

    Adição: **4** + _____ = _____

    Juntos, Lucas e Mário têm _____ carrinhos.

2 Em cada caso, juntando as bolinhas em uma só caixa, quantas bolinhas obteremos? Desenhe o total de bolinhas na caixa vazia e complete a adição.

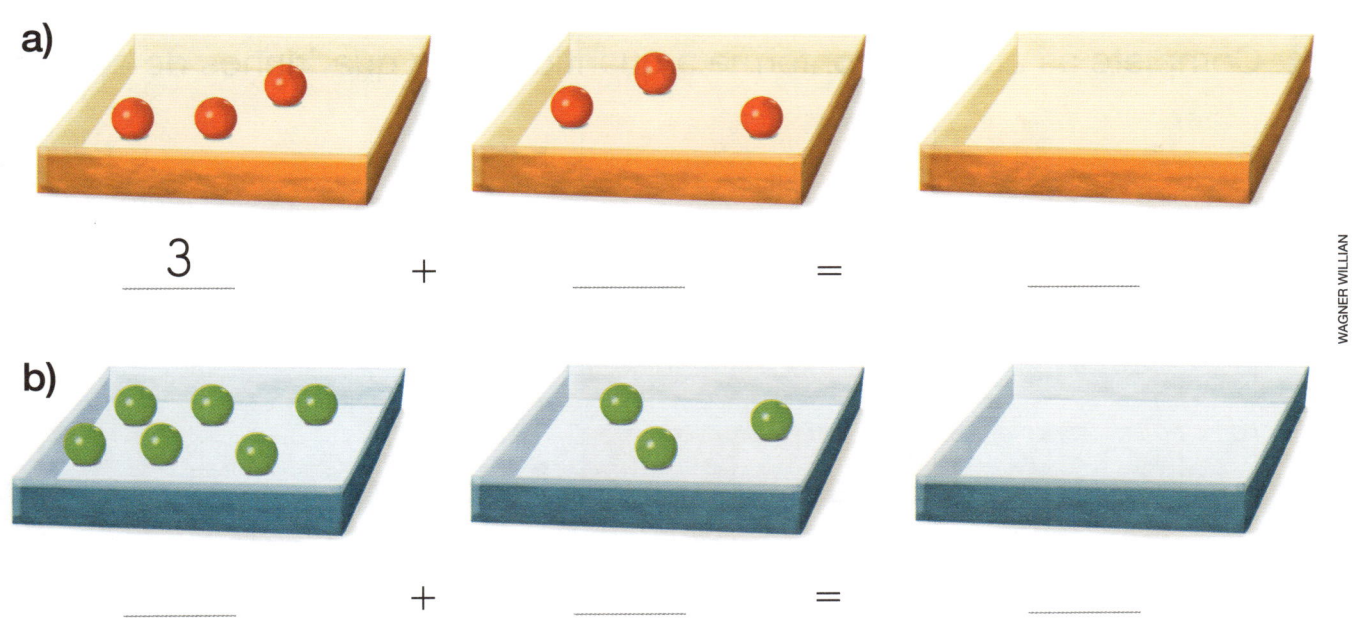

a)

 3 + _____ = _____

b)

_____ + _____ = _____

cento e trinta e um **131**

3 Bruno e Iaci tinham alguns brinquedos e acrescentaram outros às suas coleções. Registre a quantidade total de brinquedos em cada caso.

Brinquedos de Bruno

Tinha   Acrescentou

_____ + _____ = _____

Brinquedos de Iaci

Tinha   Acrescentou

_____ + _____ = _____

- Agora, observe as adições e responda: quem ficou com mais brinquedos: Bruno ou Iaci?

4 Complete as adições conforme a quantidade de quadrinhos de cada cor.

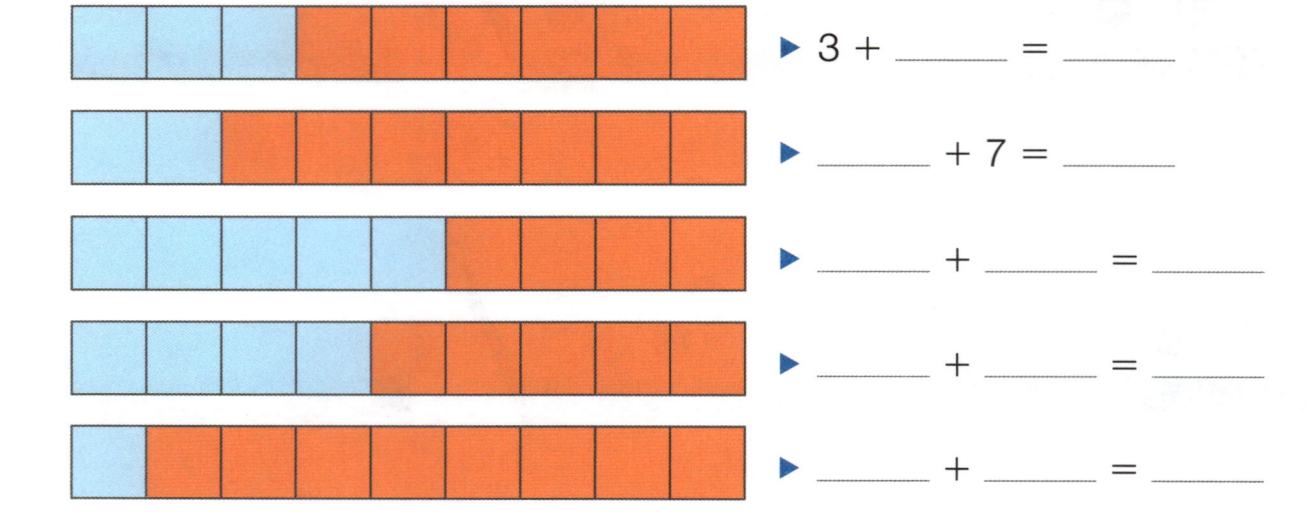

▶ 3 + _____ = _____

▶ _____ + 7 = _____

▶ _____ + _____ = _____

▶ _____ + _____ = _____

▶ _____ + _____ = _____

132 cento e trinta e dois

5 Observe quanto dinheiro têm Mário e Lucas e, depois, responda.

Mário

Lucas

a) Quem tem a maior quantia em reais: Mário ou Lucas?

b) Quantos reais Mário e Lucas têm juntos? _____

6 Mateus e Daniel brincam com dados. Determine o total de pontos feitos em cada jogada.

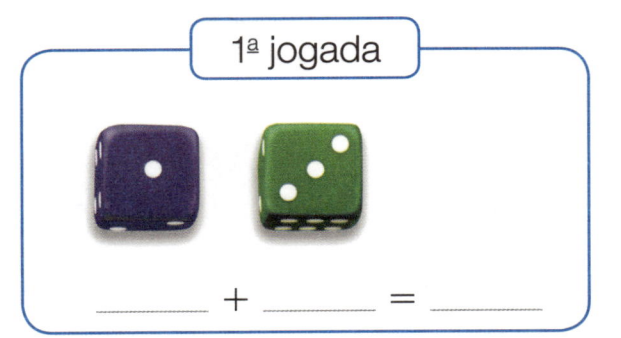

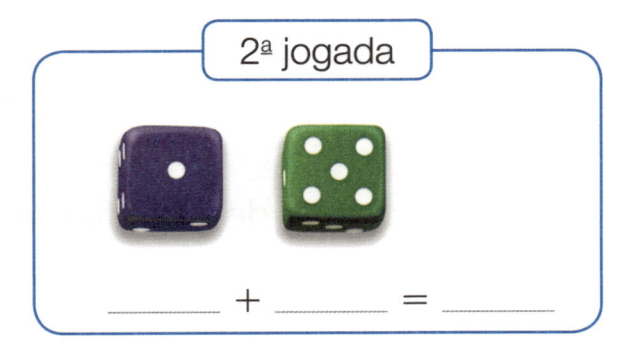

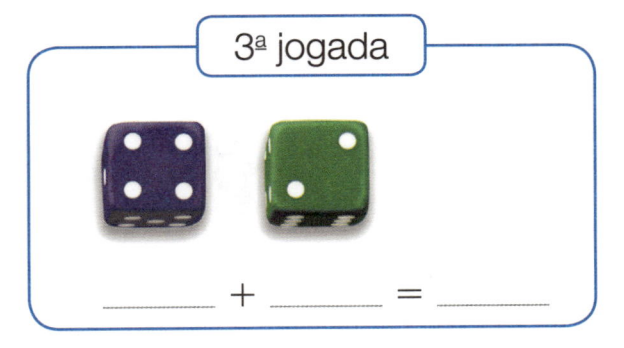

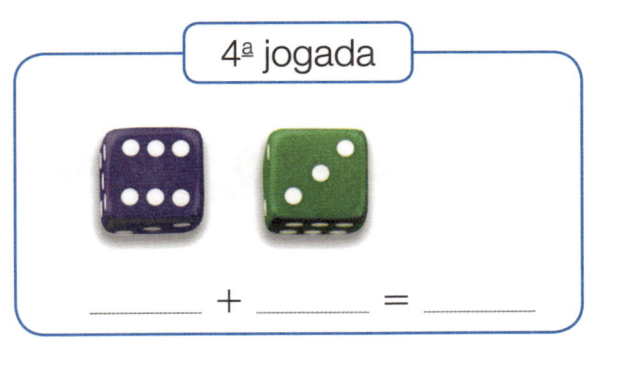

1ª jogada

_____ + _____ = _____

2ª jogada

_____ + _____ = _____

3ª jogada

_____ + _____ = _____

4ª jogada

_____ + _____ = _____

cento e trinta e três **133**

7 Observe o placar do jogo entre os times com 👕 e com 👕.

- Agora, responda.

   a) Quantos gols o time com 👕 marcou? _____

   b) Quantos gols o time com 👕 marcou? _____

   c) Quantos gols os dois times marcaram nesse jogo até o momento? _____

Adição
Assista à animação e veja quantos objetos os amigos arrecadaram para o bazar.

8 Descubra o valor de cada figura e complete.

a) 5 + 3 = ▮   Então, ▮ vale _____.

b) 7 + 2 = ⬤   Então, ⬤ vale _____.

c) 3 + ◆ = 8   Então, ◆ vale _____.

d) 2 + ▱ = 9   Então, ▱ vale _____.

e) ▰ + 1 = 4   Então, ▰ vale _____.

f) ▪ + 4 = 8   Então, ▪ vale _____.

134 cento e trinta e quatro

Ouvindo e relacionando

Acompanhe a leitura que seu professor fará.

Sete e sete são catorze
Com mais sete vinte e um
Tenho sete namorados
Não me caso com nenhum
Só me caso com aquele
que me der um jerimum!

Da tradição popular.

- Agora, complete.

1 + 1 =

2 + 2 =

4 + 4 =

a) Um mais um são _____.

b) Dois mais dois são _____.

c) Quatro mais quatro são _____, com mais um, _____.

cento e trinta e cinco 135

2 Significados da subtração

🎓 Aprendendo

1. Observe a situação a seguir.

As minhas bolas são as azuis.

As minhas são as amarelas.

Sete menos três é igual a quatro.

Sete menos quatro é igual a três.

Podemos separar uma quantidade de outra, realizando uma subtração.

Separar é um dos significados da subtração.

2. Agora, analise a ilustração a seguir.

Cinco menos dois...

... é igual a três.

Quando tiramos uma quantidade de outra, estamos efetuando uma subtração.

Retirar também é um dos significados da subtração.

1 Observe a imagem a seguir.

Ana   Isabela

Quantas bonecas Ana tem **a mais que** Isabela?

$$5 - 2 = 3$$

O sinal da subtração é −.

Ana tem **3** bonecas **a mais que** Isabela.

Comparar ("quanto a mais" ou "quanto a menos") é outro significado da subtração.

Praticando

1 Observe os livros que estão sobre a mesa.

a) Quantos livros devem ficar em cada prateleira? Complete.

9 − ____ = ____

Ficarão ____ livros nesta prateleira.

9 − ____ = ____

Ficarão ____ livros nesta prateleira.

b) Desenhe os livros que devem ficar em cada prateleira e pinte-os.

cento e trinta e sete **137**

2 Observe as imagens a seguir e responda às questões.

a) Quantos morangos ficaram na bandeja?

4 − 1 = _____

Ficaram _____ morangos na bandeja.

b) Quantos livros ficaram na prateleira?

5 − _____ = _____

Ficaram _____ livros na prateleira.

3 Isabela ganhou uma caixa com 8 lápis de cor e Ana ganhou uma caixa com 6.

a) Quantos lápis de cor Isabela tem a mais que Ana? _____

b) Isabela deu um de seus lápis de cor para Ana. Depois disso, quem ficou com mais lápis de cor?

4 Reúna-se com um colega. Cada um deve inventar um problema com uma pergunta relacionada a uma das imagens abaixo. Depois, completem as subtrações que resolvem os problemas.

4 menos 1 é igual a _____.
4 − 1 = _____

3 menos 1 é igual a _____.
3 − 1 = _____

5 Compare a quantidade de quadradinhos em cada grupo, efetue a subtração e complete a frase.

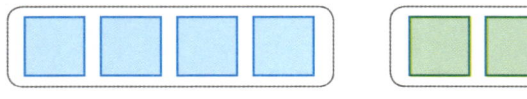

_____ − _____ = _____

No grupo de quadradinhos azuis, há _____ quadradinho a mais que no grupo de quadradinhos verdes.

6 Observe a imagem, leia o texto a seguir e responda.

Bruno tem 6 balões e Lucas tem 4 balões. Quantos balões Lucas tem a menos que Bruno?

_____ − _____ = _____

Lucas tem _____ balões a menos que Bruno.

cento e trinta e nove **139**

7 Observe a caixa de ovos e, depois, faça o que se pede.

a) Quantos ovos cabem nessa caixa? _____

b) Quantos ovos há na caixa? _____

c) Quantos ovos faltam para completar a caixa? _____

d) Escreva a subtração que determina a quantidade de ovos que falta para completar a caixa.

_____ – _____ = _____

Subtração
Assista à animação e veja quantos objetos foram vendidos no bazar.

8 Observe que, em cada quadro com figuras geométricas, algumas foram cortadas. Complete as subtrações.

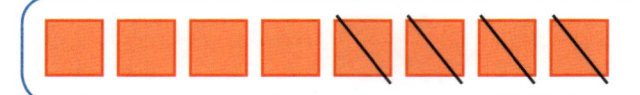

▶ 7 – 2 = _____

▶ _____ – _____ = _____

▶ _____ – _____ = _____

▶ _____ – _____ = _____

9 Calcule os resultados de cada subtração e pinte o quadro de acordo com o código de cores.

	8 – 1	
7 – 3	6 – 4	9 – 5
	5 – 0	
	9 – 2	

Código de cores

2		6	
3		7	
4		8	
5		9	

140 cento e quarenta

10 Ana e Iaci estão brincando de boliche. Observe e faça o que se pede.

Sugestão de leitura

Números dos pingos!, de Eliardo França e Mary França. Leia mais informações sobre este livro na página 267.

a) Escreva uma subtração que represente o número de pinos que ficaram em pé na figura.

_____ – _____ = _____

b) Escreva uma adição que represente o número total de pinos da figura, conforme a indicação a seguir.

Pinos caídos	Pinos em pé	Total de pinos

_____ + _____ = _____

11 Observe o valor de cada figura.

■ vale 6   ▲ vale 4   ● vale 1

- Agora, efetue as subtrações.

De ■ tirar ▲
6 – 4 = 2

De ■ tirar ●
_____ – _____ = _____

De ▲ tirar ●
_____ – _____ = _____

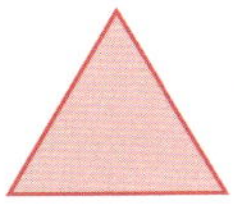

De ● tirar ●
_____ – _____ = _____

cento e quarenta e um **141**

Jogando e aprendendo

Boliche

Vamos jogar boliche?

Convide um colega para brincar!

Material

- ✓ 10 garrafas PET iguais
- ✓ 1 bola menor que a garrafa

Maneira de brincar

1. Arrumem as garrafas conforme a ilustração abaixo.

2. Decidam quem vai começar o jogo.

3. O primeiro jogador deve ficar a uma distância de 10 passos do lugar onde estão as garrafas.

4. Em seguida, ele deve arremessar a bola em direção às garrafas.

5. Cada garrafa derrubada vale 1 ponto. Contem e anotem no caderno a quantidade de pontos que o jogador fez.

6. Arrumem as garrafas novamente para o segundo jogador.

7. Ganha o jogo quem fizer mais pontos.

Agora, responda.

- Quem ganhou o jogo?
- Quantos pontos um jogador fez a mais que o outro?

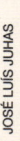

142 cento e quarenta e dois

Ouvindo e relacionando

Você conhece esta cantiga de roda infantil?

Tango-lo-mango

Era uma velha que tinha nove filhas
Foram todas fazer biscoito.
Deu o tango-lo-mango numa delas
E das nove ficaram oito.

Essas oito, meu bem, que ficaram
Foram todas jogar confete.
Deu o tango-lo-mango numa delas
E das oito ficaram sete.

Essas sete, meu bem, que ficaram
Foram todas aprender francês.
Deu o tango-lo-mango numa delas
E das sete ficaram seis.

Essas seis, meu bem, que ficaram
Foram todas comprar um brinco.
Deu o tango-lo-mango numa delas
E das seis ficaram cinco. [...]

Da tradição popular.

- Agora, escreva abaixo uma subtração que represente a situação de uma estrofe da cantiga.

Praticando mais

1 Complete as adições dos pontos das pedras de dominó, em cada caso.

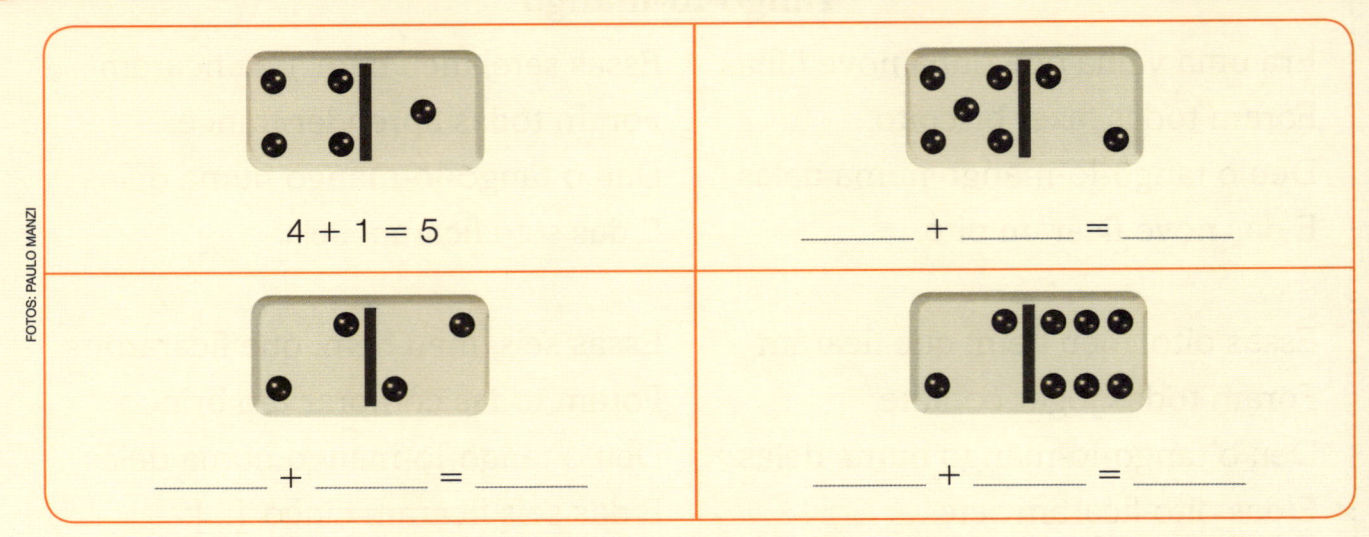

4 + 1 = 5

_____ + _____ = _____

_____ + _____ = _____

_____ + _____ = _____

2 Observe a imagem seguinte e, depois, responda.

a) Quantas crianças estão jogando? _____

b) Quantas crianças estão assistindo ao jogo? _____

c) Quantas crianças há ao todo? _____

d) Quantas meninas há na imagem? _____

e) Há mais meninos ou meninas? _____

3 Observe a figura formada por nove quadrinhos coloridos e faça o que se pede.

a) Quantos são os quadrinhos na cor vermelha? _____

b) Represente por meio de uma subtração o número de quadrinhos na cor amarela.

_____ – _____ = _____

4 Observe as ilustrações. Depois, escreva embaixo de cada ilustração o número que representa a quantidade de aves que há nela.

4 → –1 → ☐ → –1 → ☐ → –1 → ☐ → –1 → ☐

Adição e subtração
Ajude Gabriel e sua amiga nas atividades de adição e subtração.

Desafio

Descubra o valor de cada figura.

a) ■ + 2 = 8; então, ■ vale _____.

b) 7 + ◆ = 9; então, ◆ vale _____.

c) ■ – 5 = 2; então, ■ vale _____.

d) 6 – ▲ = 5; então, ▲ vale _____.

cento e quarenta e cinco **145**

UNIDADE 8
Mais números

146 cento e quarenta e seis

Trocando ideias

1. Nesse zoológico há mais girafas ou zebras?
2. Quantos macacos há ao todo: mais de 10 ou menos de 10?

1 A dezena

Aprendendo

Você tem uma coleção de bonecos de super-heróis?

Sim. Tenho 10 bonecos de super-heróis. Este foi o primeiro da minha coleção.

Observe a sequência numérica da quantidade de bonecos de super-heróis de Bruno.

1 super-herói
1 unidade

2 super-heróis
2 unidades

3 super-heróis
3 unidades

4 super-heróis
4 unidades

148 cento e quarenta e oito

5 super-heróis
5 unidades

6 super-heróis
6 unidades

7 super-heróis
7 unidades

8 super-heróis
8 unidades

9 super-heróis
9 unidades

10 super-heróis
10 unidades

Dez unidades é igual a **uma dezena**.

Uma dezena de super-heróis é igual a **10** super-heróis.

cento e quarenta e nove 149

Praticando

1 Observe o exemplo. Depois, escreva nos espaços correspondentes o número de figuras iguais e, em seguida, as adições para encontrar o número total de figuras de cada quadro.

Exemplo:

9 + 1 = 10

____ + ____ = ____

____ + ____ = ____

2 Observe as figuras e efetue as subtrações, conforme o exemplo.

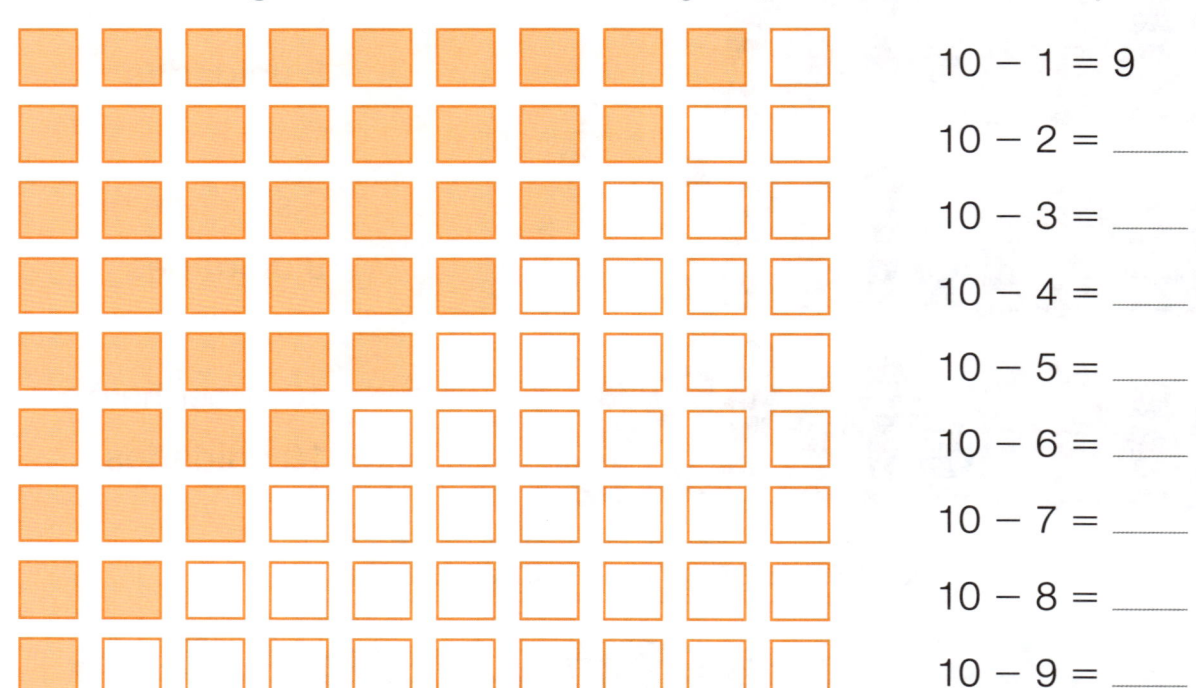

10 − 1 = 9

10 − 2 = ____

10 − 3 = ____

10 − 4 = ____

10 − 5 = ____

10 − 6 = ____

10 − 7 = ____

10 − 8 = ____

10 − 9 = ____

3 Pinte uma dezena de quadrinhos de 🔴 e uma dezena de 🔵.

4 Treine a escrita do número dez.

10

150 cento e cinquenta

2 Os números de 11 a 19

Aprendendo

Eu coleciono piões, petecas, aviõezinhos, carrinhos e várias outras coisas!

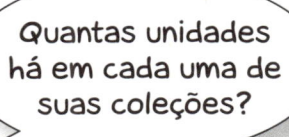

Quantas unidades há em cada uma de suas coleções?

Praticando

1 Observe os piões de Bruno e complete.

__1__ dezena de piões mais __1__ pião.

_____ piões mais _____ pião são __11__ piões.

| onze | 11 |

Dezenas (D)	Unidades (U)
1	1

__10__ + _____ = __11__

1 dezena mais 1 unidade é igual a _____ unidades.

cento e cinquenta e um 151

2 Treine a escrita do número 11 (onze).

11   11   _____   _____   _____

_____   _____   _____   _____

3 Observe o time de futebol abaixo.

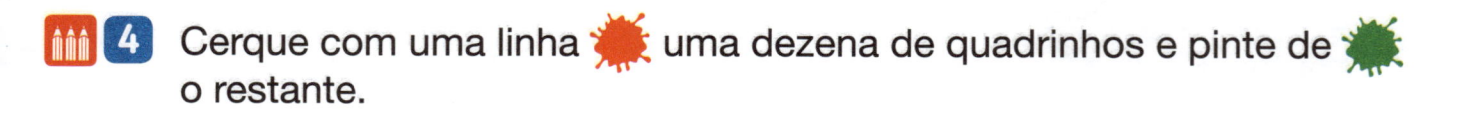

- Quantos jogadores há nesse time de futebol? _____

4 Cerque com uma linha 🔴 uma dezena de quadrinhos e pinte de 🟢 o restante.

- Agora, complete.

    Há onze quadrinhos ou _____ quadrinhos.

    Onze unidades = _____ dezena e _____ unidade.

152 cento e cinquenta e dois

5 Observe as petecas e complete.

___1___ dezena de petecas mais ___2___ petecas.

_____ petecas mais _____ petecas são ___12___ petecas.

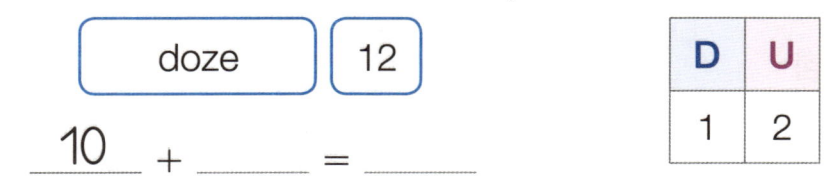

doze | 12

___10___ + _____ = _____

D	U
1	2

1 dezena mais 2 unidades é igual a _____ unidades.

6 Treine a escrita do número 12 (doze).

12

7 A mãe de Ana comprou 1 dúzia de bananas e meia dúzia de laranjas.

- Complete.

    1 dúzia é igual a _____ unidades.

    Meia dúzia é igual a _____ unidades.

8 Observe a coleção de aviões e complete.

_____ dezena de aviões mais __3__ aviões.

_____ aviões mais _____ aviões são __13__ aviões.

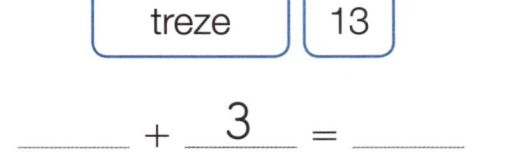

treze   13

D	U
1	3

_____ + __3__ = _____

1 dezena mais 3 unidades é igual a _____ unidades.

9 Treine a escrita do número 13 (treze).

13

10 Cerque com uma linha um grupo de 13 chapéus.

11 Observe os carrinhos que Lucas ganhou e complete.

_____ dezena de carrinhos mais _____ carrinhos.

_____ carrinhos mais _____ carrinhos são

_____ carrinhos.

| catorze | 14 |

D	U
1	4

_____ + _____ = _____

1 dezena mais 4 unidades é igual a _____ unidades.

12 Treine a escrita do número 14 (catorze).

14

13 As crianças estão em fila para entrar no ônibus.

- Quantas crianças estão na fila? _____

cento e cinquenta e cinco 155

14 Observe os bonés e complete.

_____ dezena de bonés mais _____ bonés.

_____ bonés mais _____ bonés são _____ bonés.

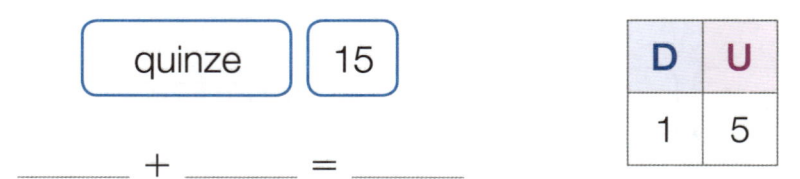

quinze   15

D	U
1	5

_____ + _____ = _____

1 dezena mais 5 unidades é igual a _____ unidades.

15 Treine a escrita do número 15 (quinze).

15

16 Pinte 15 gatinhos.

17 Observe os barquinhos de Isabela e complete.

_____ dezena de barquinhos mais _____ barquinhos.

_____ barquinhos mais _____ barquinhos são

_____ barquinhos.

dezesseis   16

D	U
1	6

_____ + _____ = _____

1 dezena mais 6 unidades é igual a _____ unidades.

18 Treine a escrita do número 16 (dezesseis).

16

19 Cerque com uma linha 16 placas de trânsito.

cento e cinquenta e sete **157**

20 Observe a coleção de robôs e complete.

_____ dezena de robôs mais _____ robôs.

_____ robôs mais _____ robôs são _____ robôs.

| dezessete | 17 |

D	U
1	7

_____ + _____ = _____

1 dezena mais 7 unidades é igual a _____ unidades.

21 Treine a escrita do número 17 (dezessete).

17

22 Abaixo estão as moedas de 1 real que Ana tem em seu cofrinho. Cerque com uma linha um grupo de 10 moedas.

- Quantos reais Ana tem? _____

23 Observe as figurinhas e complete.

_____ dezena de figurinhas mais _____ figurinhas.

_____ figurinhas mais _____ figurinhas são

_____ figurinhas.

| dezoito | 18 |

D	U
1	8

_____ + _____ = _____

1 dezena mais 8 unidades é igual a _____ unidades.

24 Treine a escrita do número 18 (dezoito).

18

25 Marque com um **X** 18 cartazes do mural abaixo.

cento e cinquenta e nove 159

26 Observe os chaveiros que Bruno ganhou e complete.

_____ dezena de chaveiros mais _____ chaveiros.

_____ chaveiros mais _____ chaveiros são

_____ chaveiros.

| dezenove | 19 |

D	U
1	9

_____ + _____ = _____

1 dezena mais 9 unidades é igual a _____ unidades.

27 Treine a escrita do número 19 (dezenove).

19

28 No espaço abaixo, Mário desenhou algumas bolas. Complete o desenho para que no total sejam 19 bolas.

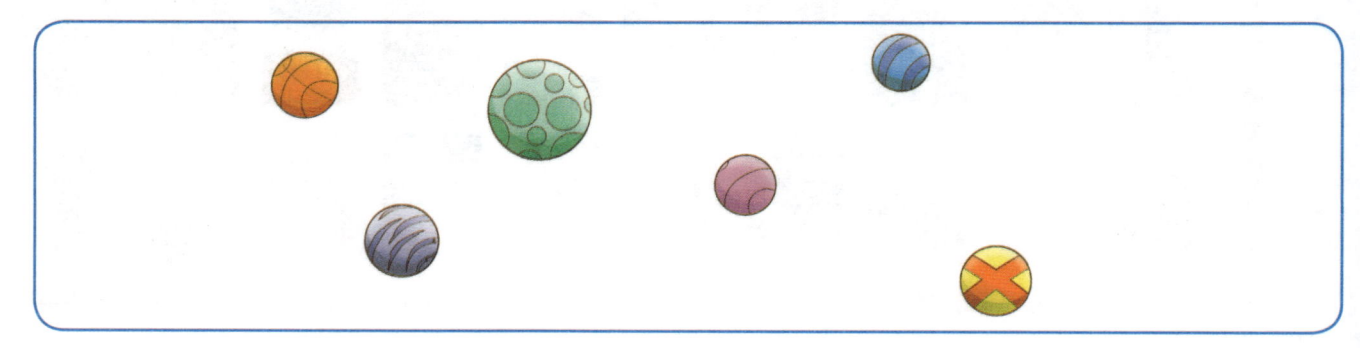

160 cento e sessenta

29 Pinte de 🟦 os quadrinhos de acordo com a quantidade indicada.

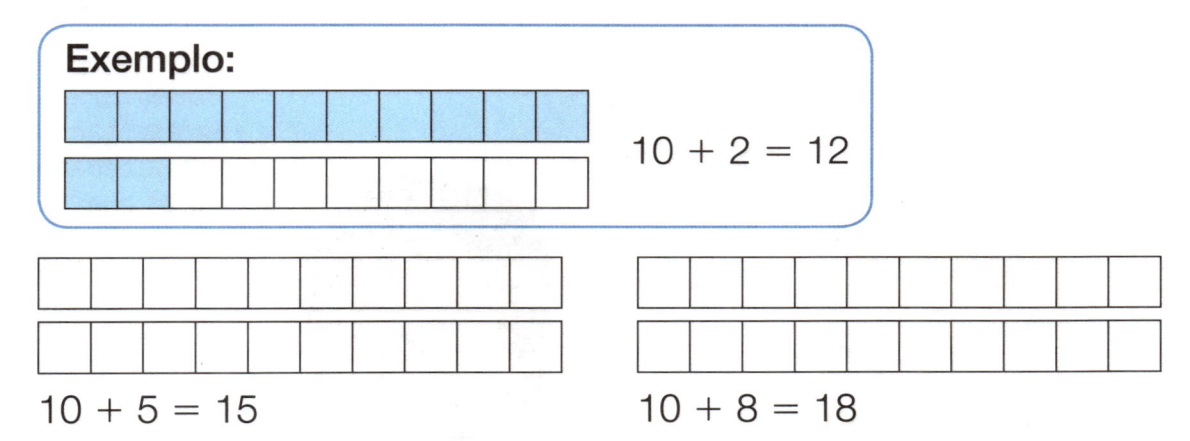

Exemplo:

10 + 2 = 12

10 + 5 = 15

10 + 8 = 18

30 Registre nos espaços o número que representa a quantidade de cubinhos.

a)

b)

c)

d)

- Agora, destaque as peças da página **A6** no final do livro e monte o contador. Com a ajuda de seu professor, represente os números das atividades 29 e 30. Depois, guarde o contador para utilizá-lo em outros momentos.

Curiosidade

Material dourado

Veja que interessante! O **material dourado** é utilizado para representar quantidades. Observe as peças abaixo e verifique quanto cada uma representa.

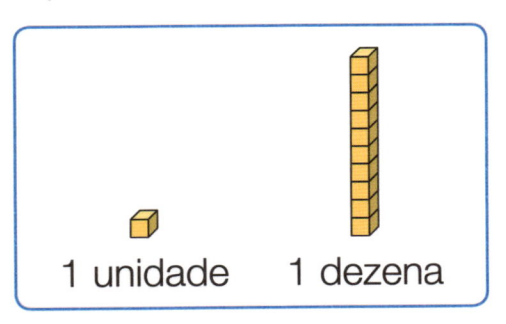

1 unidade   1 dezena

Note que 10 cubinhos correspondem a uma barra.

correspondem a

cento e sessenta e um **161**

3 Dezenas exatas

Aprendendo

*10, 20, 30, 40, 50, 60, 70, 80 e 90 são **dezenas exatas**.*

Podemos representar essas dezenas exatas com o material dourado.

Observe.

	1 dezena ou **10** unidades ↓ DEZ
	2 dezenas ou **20** unidades ↓ VINTE
	3 dezenas ou **30** unidades ↓ TRINTA

162 cento e sessenta e dois

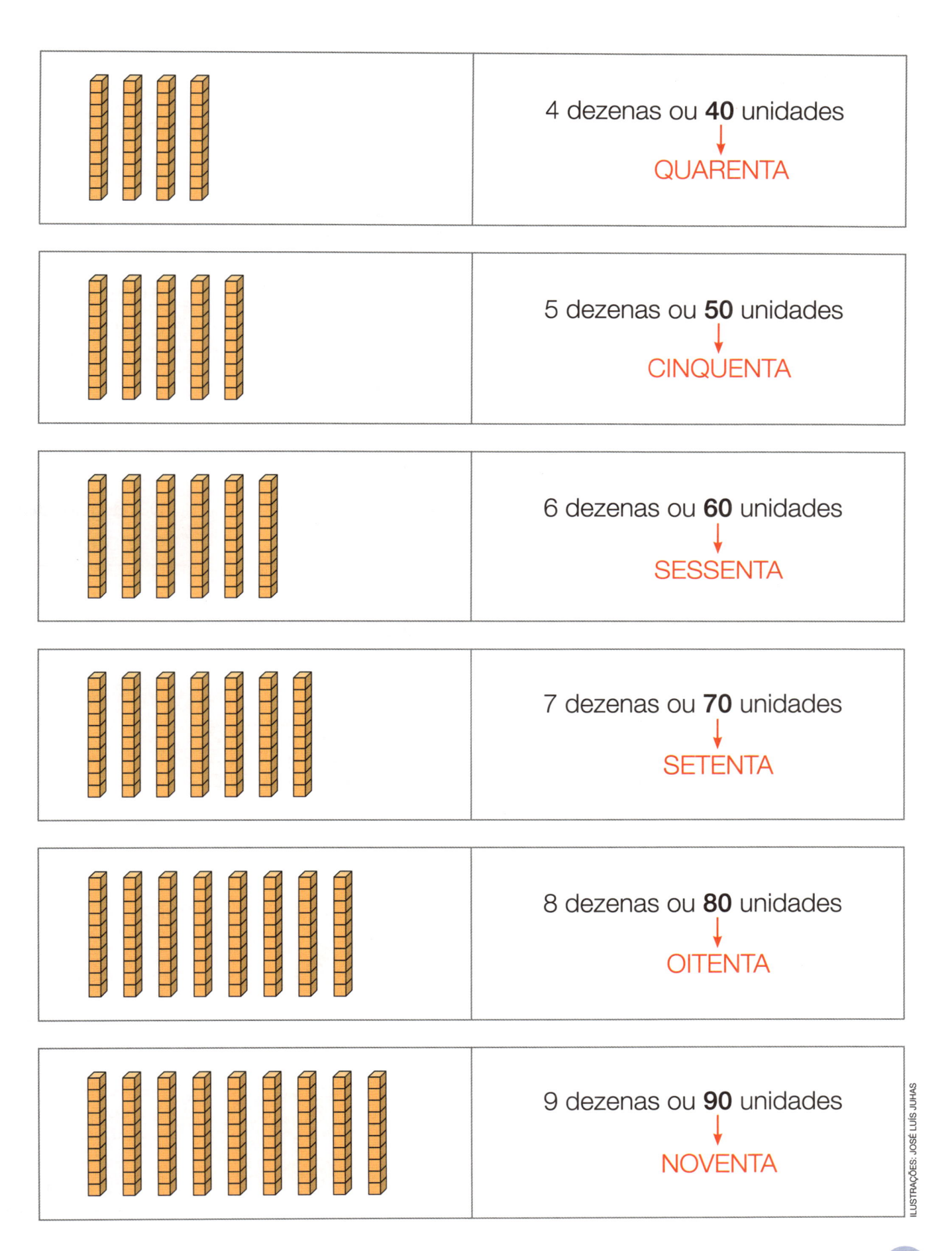

	4 dezenas ou **40** unidades ↓ **QUARENTA**
	5 dezenas ou **50** unidades ↓ **CINQUENTA**
	6 dezenas ou **60** unidades ↓ **SESSENTA**
	7 dezenas ou **70** unidades ↓ **SETENTA**
	8 dezenas ou **80** unidades ↓ **OITENTA**
	9 dezenas ou **90** unidades ↓ **NOVENTA**

cento e sessenta e três

Praticando

1 Indique em cada item o número representado com os cubinhos.

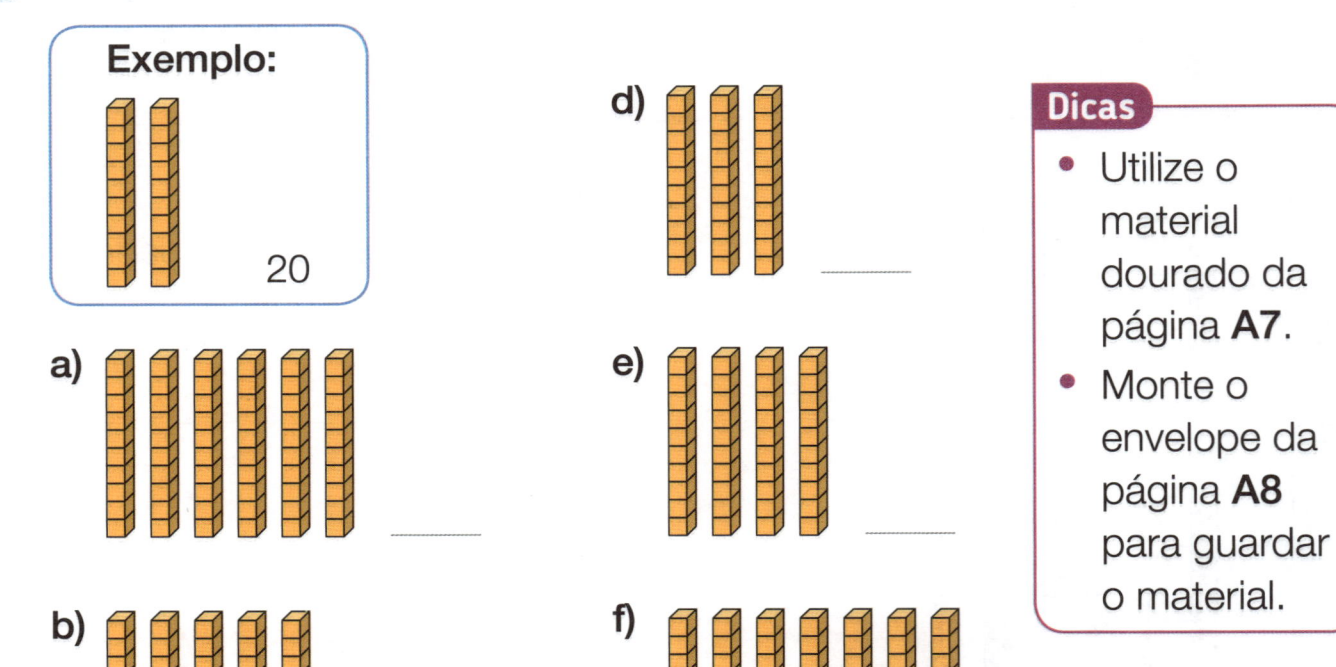

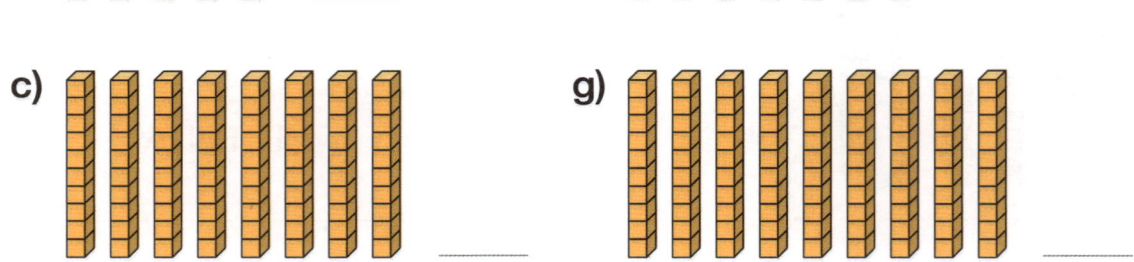

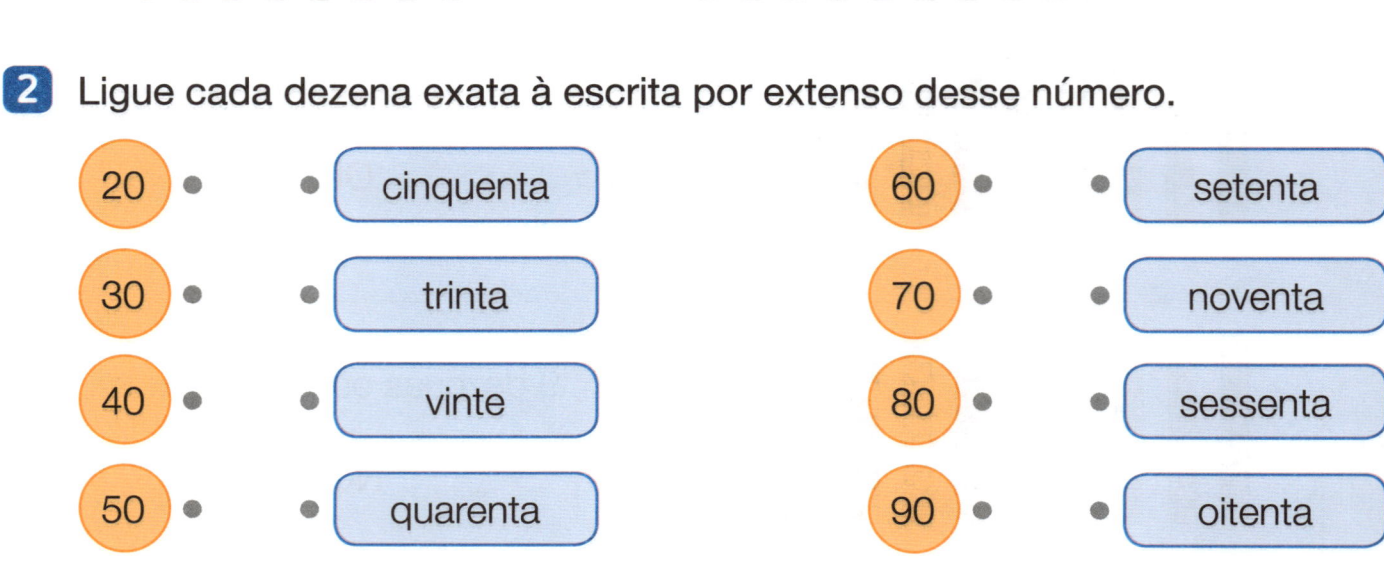

Exemplo: 20

a) _____
b) _____
c) _____
d) _____
e) _____
f) _____
g) _____

Dicas
- Utilize o material dourado da página **A7**.
- Monte o envelope da página **A8** para guardar o material.

2 Ligue cada dezena exata à escrita por extenso desse número.

20 • • cinquenta
30 • • trinta
40 • • vinte
50 • • quarenta

60 • • setenta
70 • • noventa
80 • • sessenta
90 • • oitenta

164 cento e sessenta e quatro

3 Observe as cédulas de real que Iaci ganhou de sua mãe.

_____ reais + _____ reais = _____ reais

- Quantos reais Iaci ganhou de sua mãe? _____

4 Pinte de 🟢 3 dezenas de fichas.

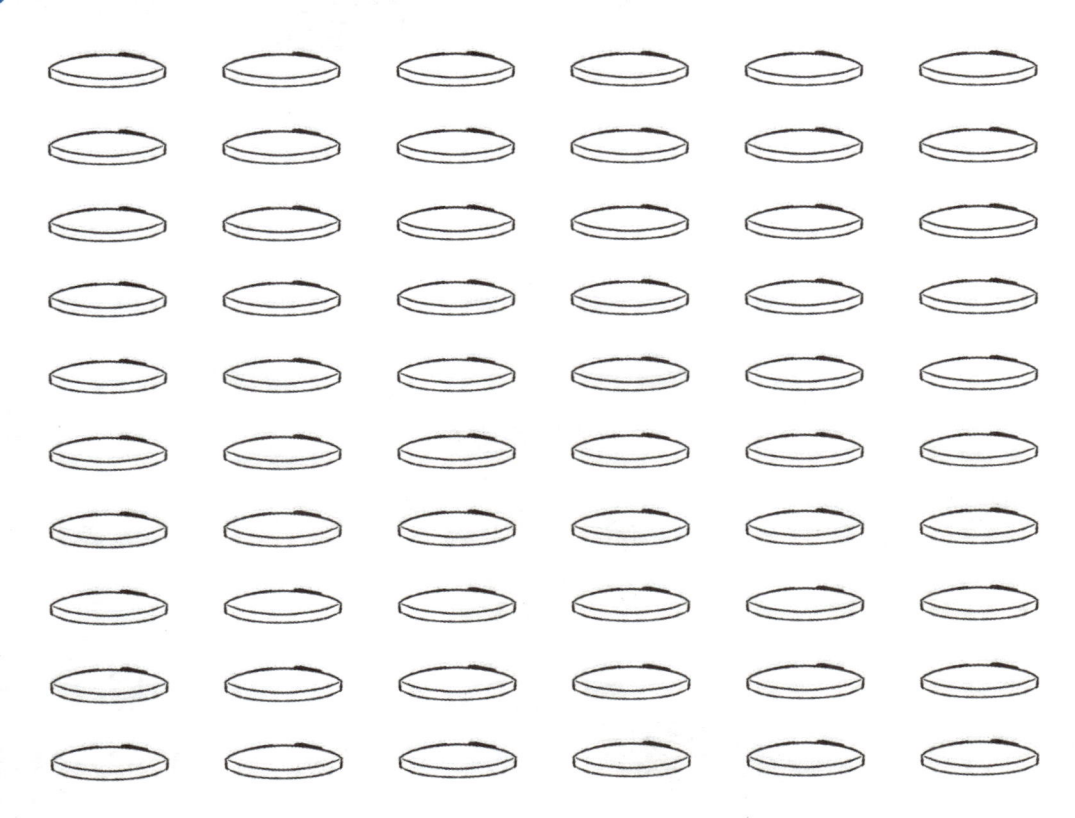

5 Adicione as dezenas e escreva o resultado obtido no círculo verde.

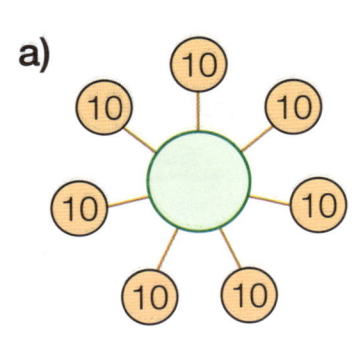

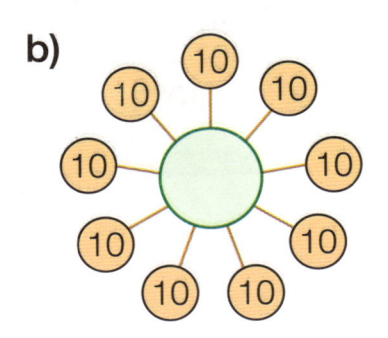

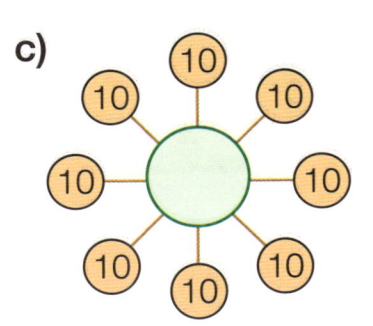

a) 10, 10, 10, 10, 10, 10, 10, 10

b) 10, 10, 10, 10, 10, 10, 10, 10, 10, 10

c) 10, 10, 10, 10, 10, 10, 10, 10, 10

cento e sessenta e cinco

4 — O número 100

Aprendendo

Em um jogo de *videogame*, Mário estava com 99 pontos e ganhou mais 1 ponto.

"Completei 100 (cem) pontos."

99 PONTOS
VOCÊ GANHOU 1 PONTO!

Praticando

1 No tabuleiro do jogo de Bruno as casas foram numeradas em sequência.

a) Complete o tabuleiro com os números que faltam.

b) Qual é o maior número representado no tabuleiro? _____

2 O pai de Lucas apresentou a ele 6 tipos de cédulas do nosso dinheiro.

a) Escreva nos quadros o valor de cada cédula.

b) Lucas tem 9 cédulas de 10 reais. Quantos reais ele tem?

__10__ + ____ + ____ + ____ + ____ + ____ + ____ + ____ + ____ = ____

Lucas tem ____ reais.

c) Lucas ganhou mais uma cédula de 10 reais. Com quantos reais ele ficou?

__90__ + ____ = ____

10 cédulas de 10 reais formam ____ reais.

Lucas ficou com ____ reais.

Dica
- Destaque as cédulas e moedas da página **A9** para auxiliar na atividade.

d) Veja o que o pai de Lucas disse a ele e responda: você acha que Lucas deve aceitar a troca proposta pelo pai dele? Justifique sua resposta.

> Se você me der suas 10 cédulas de 10 reais, eu te dou 2 cédulas de 50 reais.

cento e sessenta e sete **167**

É hora da leitura!

Acompanhe a leitura do professor.

Os sapatinhos da centopeia

Lá vai a centopeia,
cruzando seu caminho,
não pode comprar sapatos,
para proteger tantos pezinhos.

Coitada da centopeia!
No chão quente vai pisando.
Os seus pezinhos queimando.
Mas, ninguém pode ajudar,
são muitos pés a calçar!

Mas alguém teve uma ideia,
e disse à centopeia:
Vai seguindo no caminho,
que você vai encontrar,
a vovó de Chapeuzinho,
ela sabe tricotar.
[...]

E quando chegou à casa
da vovó de Chapeuzinho,
pediu à doce velhinha:
Tricota uns sapatinhos?

E vovó muito boazinha,
e com muita alegria,
tricotou 100 sapatinhos,
que protegeriam seus pezinhos.

Lá se vai a centopeia,
andando pelo caminho.
Com seus pezinhos protegidos,
pode andar devagarzinho.

Vera Ribeiro Guedes.
Disponível em: <https://www.recantodasletras.com.br/infantil/150436>.
Acesso em: 16 abr. 2019.

- Agora, um desafio: se a centopeia tem 100 (cem) pés, quantos pares de sapatos a vovó tricotou? _____

5 Os números de 20 a 39

Aprendendo

*Já aprendi a registrar o número **22**.*

Eu já sei representá-lo com o ábaco e o material dourado.

Observe.

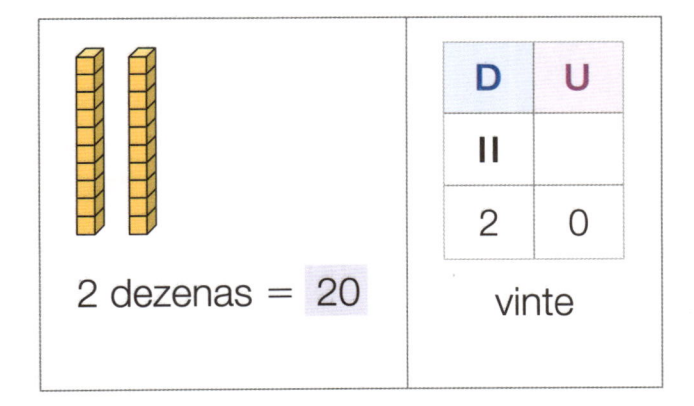

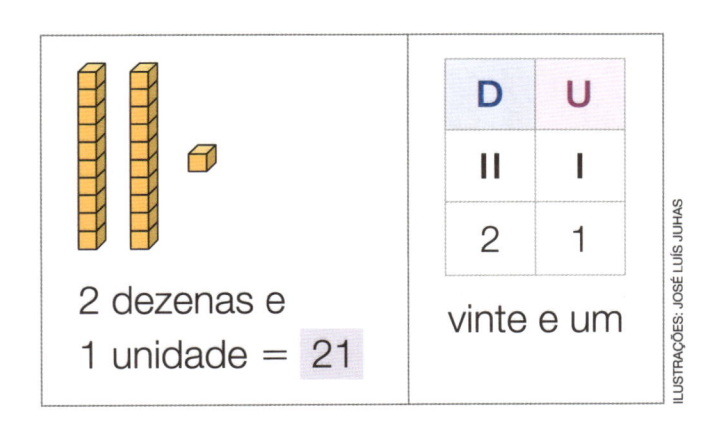

	D	U
2 dezenas = 20	II	
	2	0

vinte

	D	U
2 dezenas e 1 unidade = 21	II	I
	2	1

vinte e um

Curiosidade

Ábaco

O ábaco é utilizado para efetuar contagens e facilitar cálculos matemáticos.

O número representado no ábaco ao lado é 15. Há cinco argolas na casa das unidades e uma na casa das dezenas.

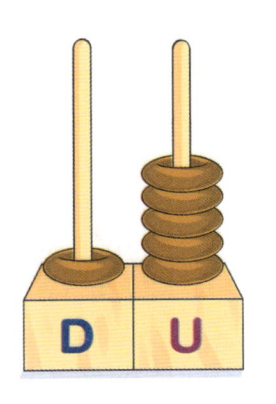

cento e sessenta e nove 169

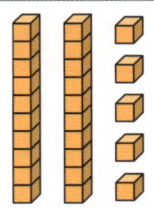

2 dezenas e 5 unidades = 25	**D** | U II | IIIII 2 | 5 vinte e cinco	

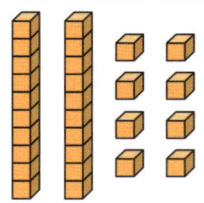

2 dezenas e 8 unidades = 28	**D** | U II | IIIIIIII 2 | 8 vinte e oito

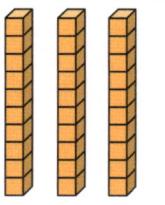

3 dezenas = 30	**D** | U III | 3 | 0 trinta

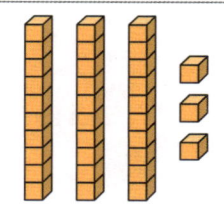

3 dezenas e 3 unidades = 33	**D** | U III | III 3 | 3 trinta e três

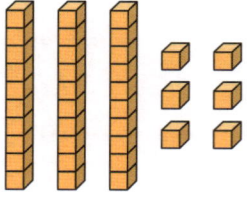

3 dezenas e 6 unidades = 36	**D** | U III | IIIIII 3 | 6 trinta e seis

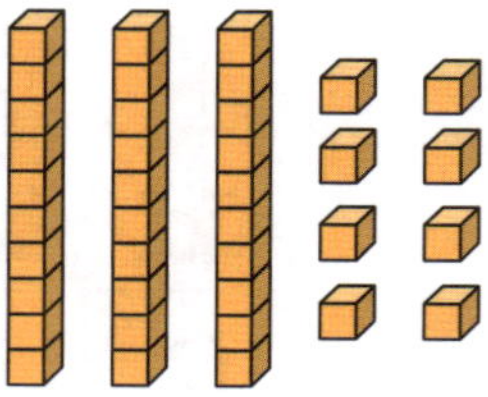

3 dezenas e 8 unidades = 38	**D** | U III | IIIIIIII 3 | 8 trinta e oito

Veja a sequência completa dos números de **20** a **39**.

| 20 | 21 | 22 | 23 | 24 | 25 | 26 | 27 | 28 | 29 |
| 30 | 31 | 32 | 33 | 34 | 35 | 36 | 37 | 38 | 39 |

Praticando

1 Complete com o número que representa a quantidade de cubinhos correspondente. Represente cada um dos números utilizando o contador que você já montou.

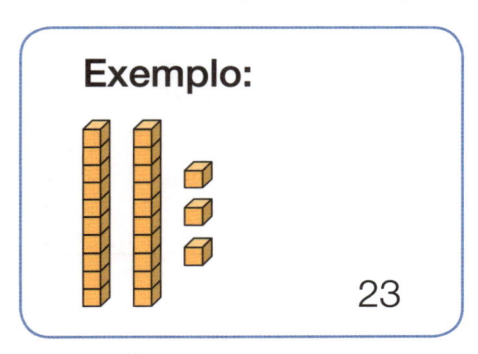

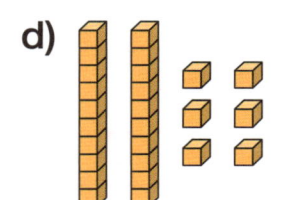

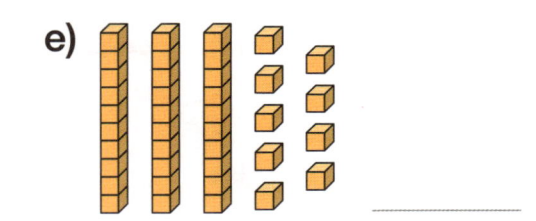

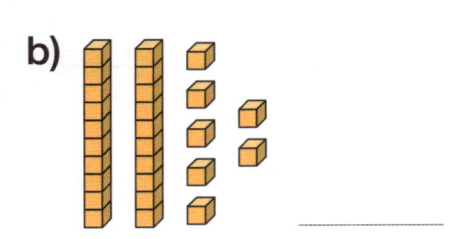

Exemplo: 23

a) _____

b) _____

c) _____

d) _____

e) _____

f) _____

g) _____

cento e setenta e um **171**

2 Complete corretamente os espaços.

a) 25 unidades = _____ dezenas e _____ unidades

b) 28 unidades = _____ dezenas e _____ unidades

c) 31 unidades = _____ dezenas e _____ unidade

3 Observe as cédulas e moedas e descubra quantos reais há em cada quadro.

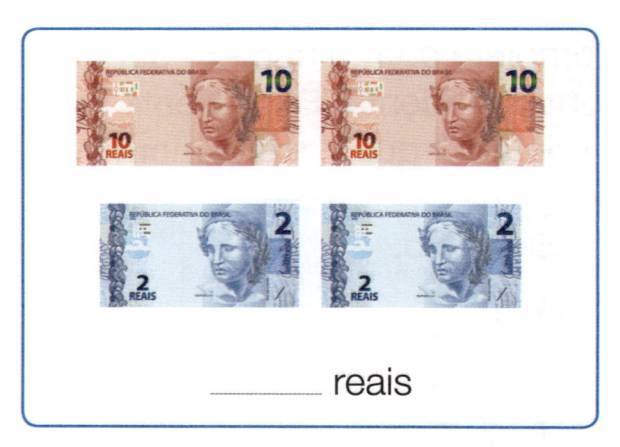

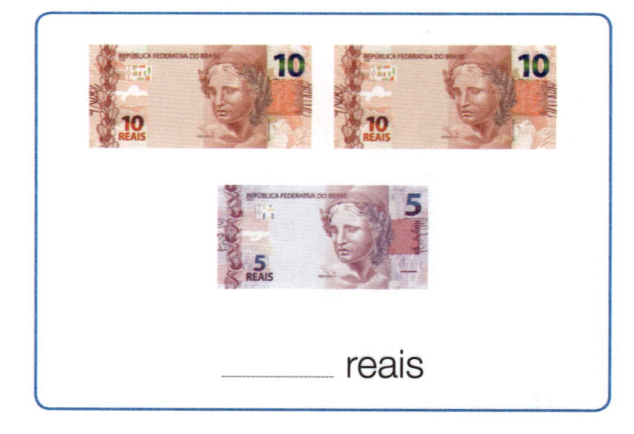

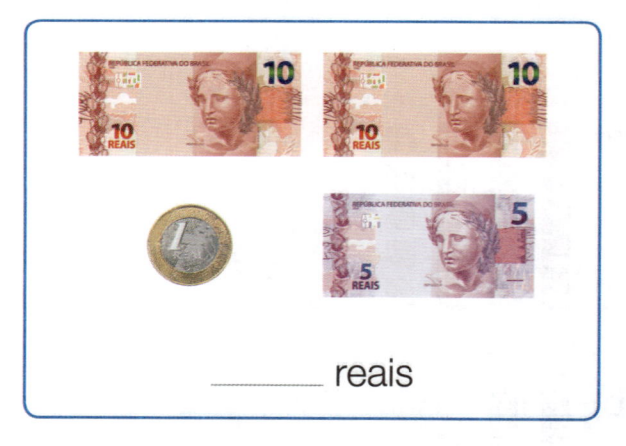

_____ reais

_____ reais

_____ reais

_____ reais

4 Escreva os números correspondentes nos espaços a seguir.

a) Vinte e um = _____

b) Vinte e oito = _____

c) Vinte e nove = _____

d) Trinta = _____

e) Trinta e três = _____

f) Trinta e quatro = _____

g) Trinta e sete = _____

h) Trinta e oito = _____

5 Represente os números nos quadros de ordens utilizando traços.

a) 21

D	U

d) 30

D	U

b) 24

D	U

e) 35

D	U

c) 26

D	U

f) 37

D	U

6 Escreva o número correspondente a cada quantidade.

Exemplo:
2 dezenas e 4 unidades = 24

a) 2 dezenas e 5 unidades = _____

b) 2 dezenas e 8 unidades = _____

c) 3 dezenas = _____

d) 3 dezenas e 7 unidades = _____

e) 3 dezenas e 2 unidades = _____

7 Escreva os números que estão faltando nas duas sequências a seguir.

20				24				28	

30					35				39

cento e setenta e três 173

8 Observe as quantidades a seguir, complete os quadros de ordens e escreva os números correspondentes.

a) 2 dezenas e 9 unidades

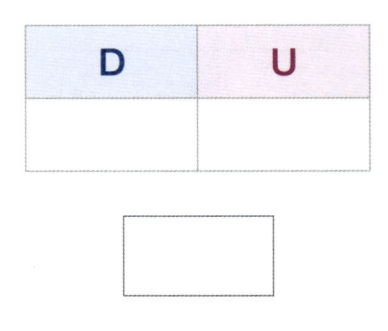

D	U

☐

b) 3 dezenas e 5 unidades

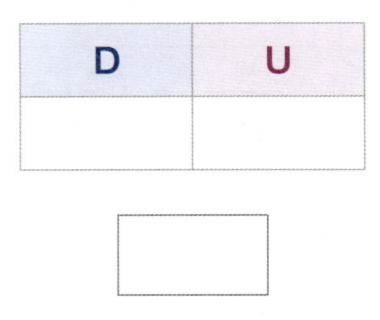

D	U

☐

9 Em cada caso, complete com o número que vem imediatamente antes.

	26

	30

	34

	23

	36

	39

	37

	28

	40

10 Numere as peças do quebra-cabeça que estão sem número.

174 cento e setenta e quatro

Jogando e aprendendo

No fundo do mar

Material

- Tabuleiro da página **A10**
- 2 marcadores (grãos, botões ou outros)
- Dado da página **A11**
- Cola
- Tesoura sem ponta

Sugestão de leitura

Livro dos números, bichos e flores, de Cléo Busatto. Leia mais informações sobre esse livro na página 267.

Maneira de brincar

1. Reúna-se com outro colega para jogar.
2. Cada jogador coloca seu marcador no início da trilha.
3. Os jogadores decidem quem vai começar o jogo.
4. Na sua vez, cada jogador lança o dado e avança a quantidade de casas correspondente ao número obtido no dado.
5. Ao longo da trilha, há casas com instruções. Se a quantidade cair em uma dessas casas, o jogador deve seguir essas instruções.
6. Vence o jogo quem chegar primeiro ao fim da trilha.

Agora, responda.

- Observe seu tabuleiro. Qual é o número das casas que têm instrução?

cento e setenta e cinco **175**

6 — Os números de 40 a 59

Aprendendo

*Já aprendi a escrever os números de **40** a **59**.*

Eu já sei representá-los com o material dourado e com o ábaco.

Observe.

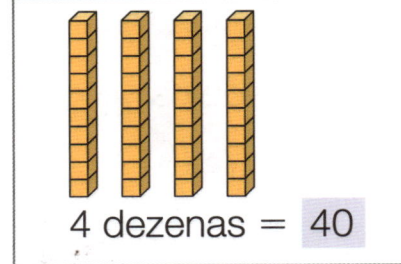

4 dezenas = 40	D | U IIII | 4 | 0 quarenta
4 dezenas e 1 unidade = 41	D | U IIII | I 4 | 1 quarenta e um
4 dezenas e 5 unidades = 45	D | U IIII | IIIII 4 | 5 quarenta e cinco

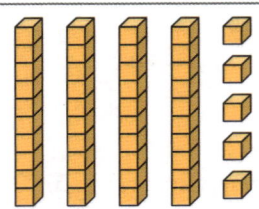

176 cento e setenta e seis

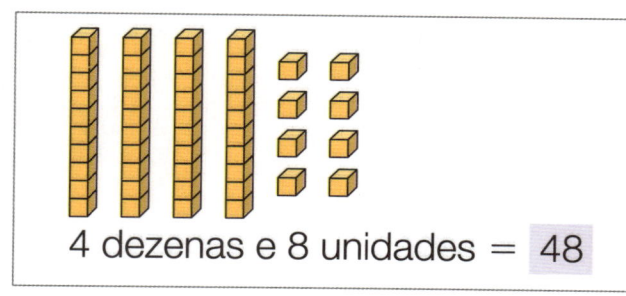

4 dezenas e 8 unidades = 48	D | U 4 | 8 quarenta e oito
5 dezenas e 3 unidades = 53	D | U 5 | 3 cinquenta e três

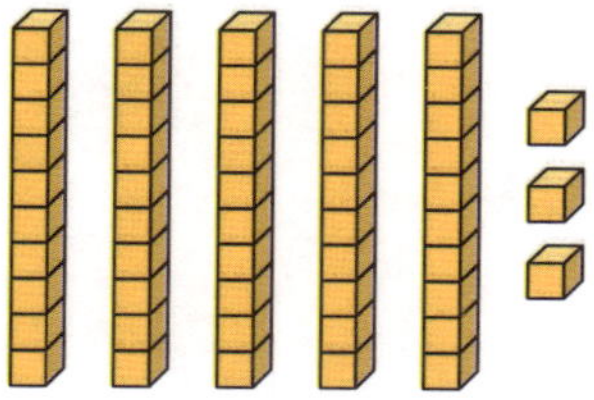

Praticando

1 Complete com o número que representa a quantidade de cubinhos em cada caso. Represente cada um dos números utilizando o contador.

Exemplo: 51

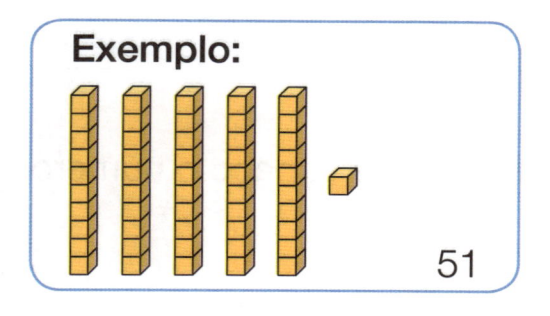

a) _____

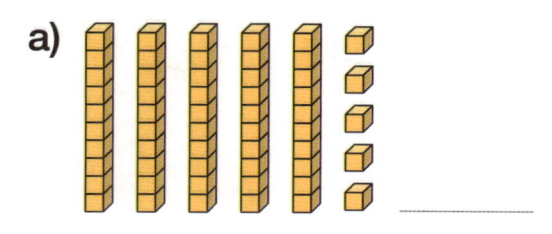

b) _____

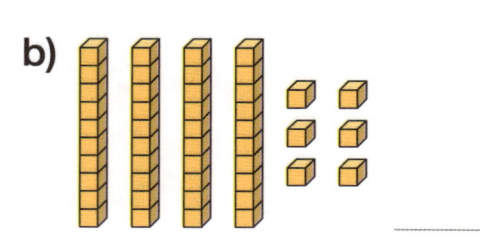

c) _____

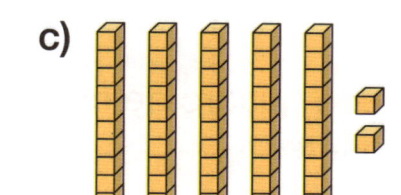

d) _____

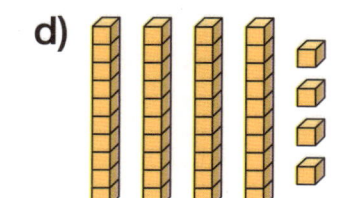

e) _____

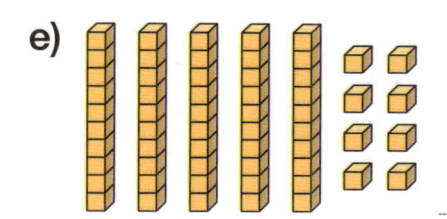

cento e setenta e sete **177**

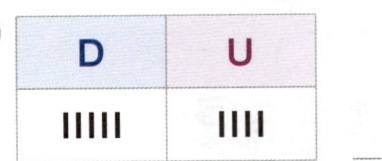

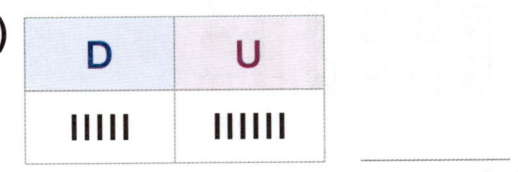

2 Escreva os números que estão faltando nas sequências.

| 40 | | | | 44 | | | | | |

| 50 | 51 | | | | | | | 57 | | |

3 Complete os espaços.

a) 45 = _____ dezenas e _____ unidades

b) 48 = _____ dezenas e _____ unidades

c) 51 = _____ dezenas e _____ unidade

d) 56 = _____ dezenas e _____ unidades

e) 59 = _____ dezenas e _____ unidades

4 Quais são os vizinhos dos números a seguir?

| | 44 | |

| | 50 | |

| | 57 | |

5 Observe cada quadro de ordens e escreva em cada espaço o número correspondente.

a)
D	U
IIII	III

_____

b)
D	U
IIII	IIIIIII

_____

c)
D	U
IIII	

_____

d)
D	U
IIIII	IIII

_____

e)
D	U
IIIII	IIIIII

_____

f)
D	U
IIIII	

_____

6 Escreva os números correspondentes.

a) Quarenta e sete = _____

b) Quarenta e oito = _____

c) Cinquenta e dois = _____

d) Cinquenta e seis = _____

7 Registre o total de reais em cada caso.

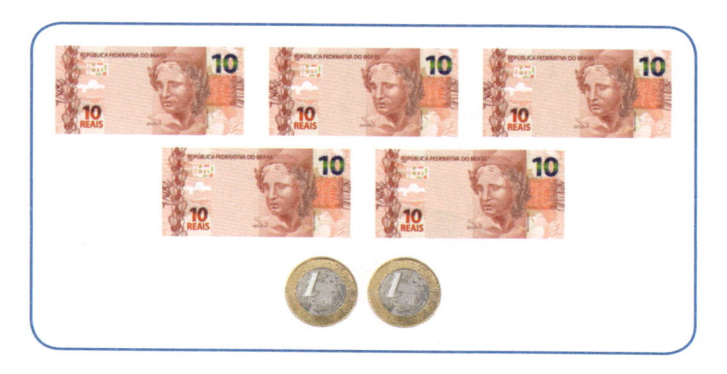

_____ reais

_____ reais

8 Complete a sequência numérica na escada.

60

53

50

7 Os números de 60 a 79

Aprendendo

*Já aprendi a escrever os números de **60** a **79**.*

Eu já sei representá-los com o material dourado e com o ábaco.

Observe.

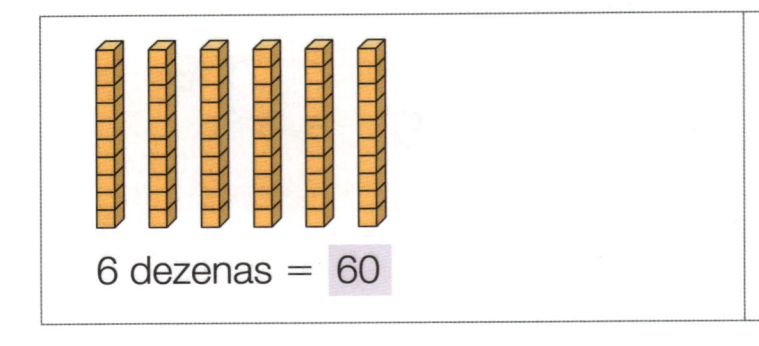

6 dezenas = 60	D | U IIIIII | 6 | 0 sessenta

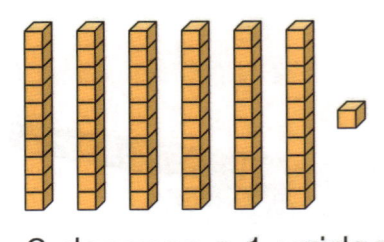

6 dezenas e 1 unidade = 61	D | U IIIIII | I 6 | 1 sessenta e um

180 cento e oitenta

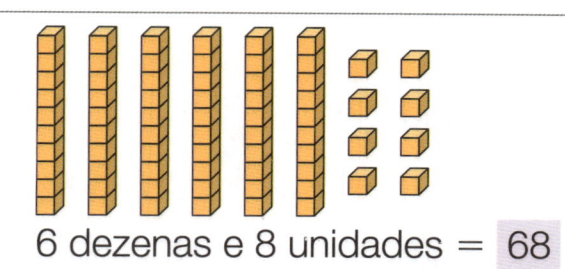

6 dezenas e 8 unidades = 68

D	U
6	8

sessenta e oito

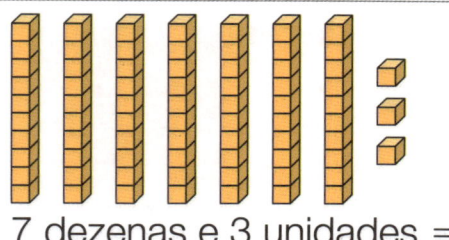

7 dezenas e 3 unidades = 73

D	U
7	3

setenta e três

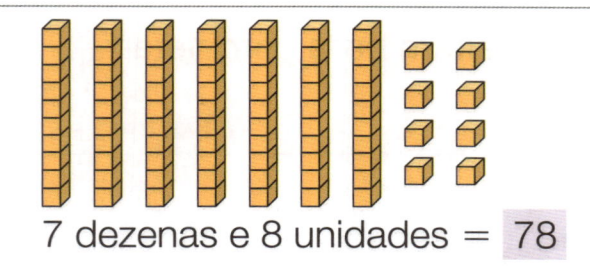

7 dezenas e 8 unidades = 78

D	U
7	8

setenta e oito

Praticando

1 Complete com o número que representa a quantidade de cubinhos em cada caso. Represente cada um dos números utilizando o contador que você montou.

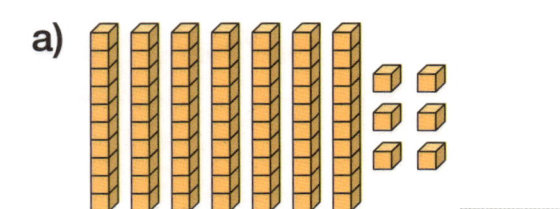

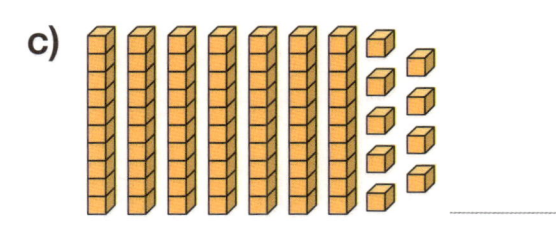

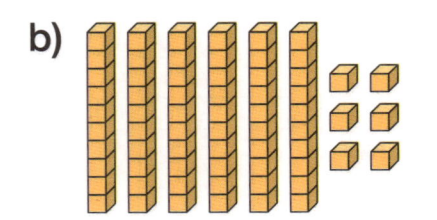

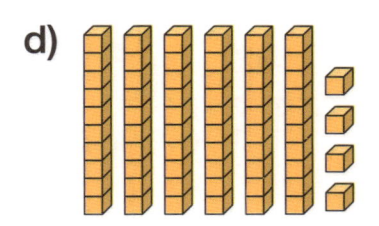

a)

b)

c)

d)

cento e oitenta e um

2 Complete os espaços.

a) 69 unidades = _____ dezenas e _____ unidades

b) 74 unidades = _____ dezenas e _____ unidades

c) 76 unidades = _____ dezenas e _____ unidades

3 Escreva os números correspondentes às quantidades.

a) Seis dezenas e oito unidades = _____

b) Sete dezenas e uma unidade = _____

c) Sete dezenas e nove unidades = _____

4 Desenhe, em cada grupo, as fichas que faltam para completar 6 dezenas exatas.

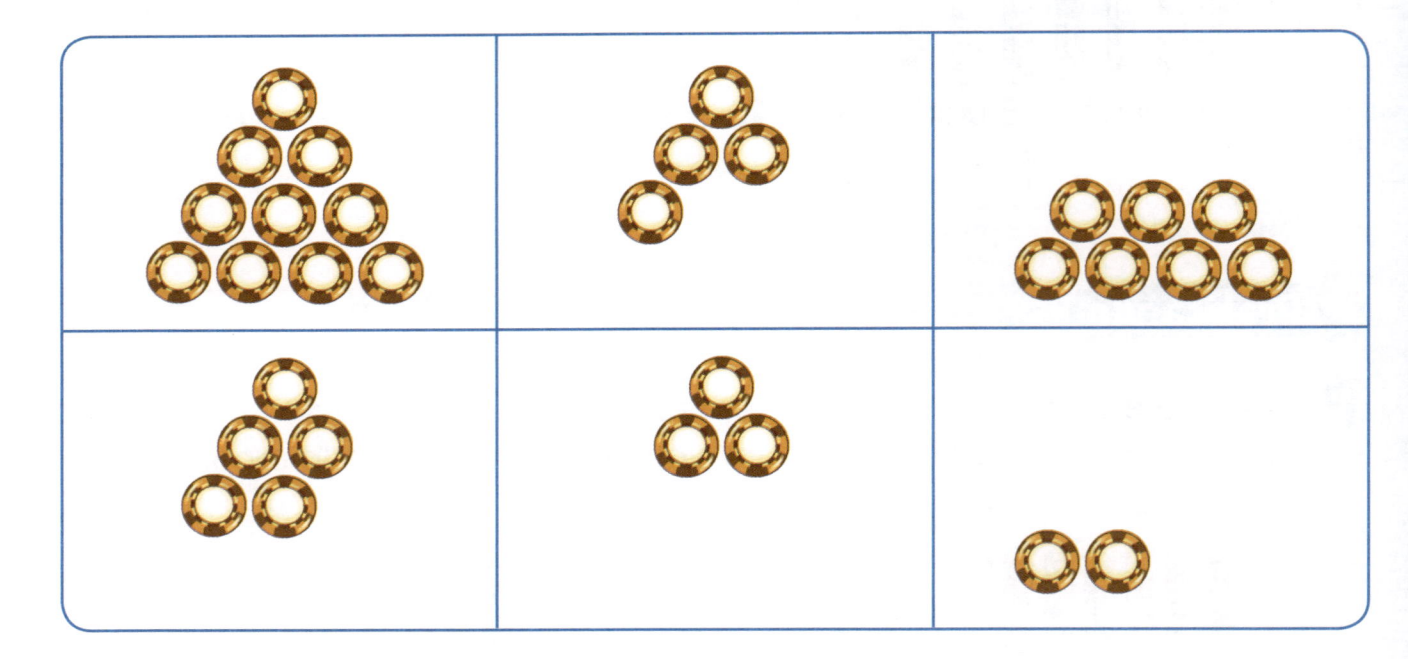

5 Complete as sequências com os números que estão faltando.

| 60 | | 62 | | | | 67 | | |

| 70 | | | | 74 | | | | 79 |

6 Represente os números com traços nos quadros de ordens.

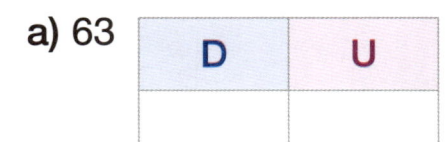

a) 63 | D | U |
|---|---|
| | |

d) 72 | D | U |
|---|---|
| | |

b) 66 | D | U |
|---|---|
| | |

e) 77 | D | U |
|---|---|
| | |

c) 70 | D | U |
|---|---|
| | |

f) 61 | D | U |
|---|---|
| | |

7 Quais são os vizinhos dos números a seguir?

| | 62 | |

| | 68 | |

| | 74 | |

| | 70 | |

| | 65 | |

| | 78 | |

8 Escreva os números correspondentes nos espaços a seguir.

a) Sessenta e dois = _____

b) Sessenta e sete = _____

c) Sessenta e oito = _____

d) Sessenta e nove = _____

e) Setenta e três = _____

f) Setenta e cinco = _____

g) Setenta e seis = _____

h) Setenta e nove = _____

9 Complete a sequência em ordem decrescente.

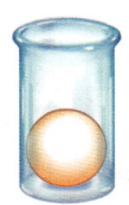

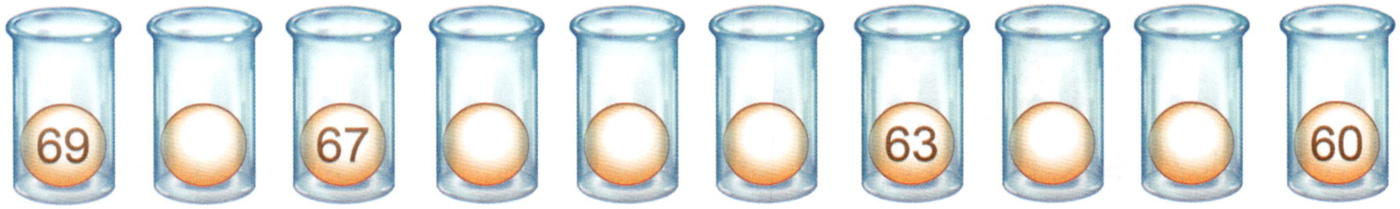

69, ___, 67, ___, ___, ___, 63, ___, ___, 60

cento e oitenta e três **183**

8 Os números de 80 a 99

Aprendendo

*Já aprendi a escrever os números de **80** a **99**.*

Eu já sei representá-los com o material dourado e com o ábaco.

Observe.

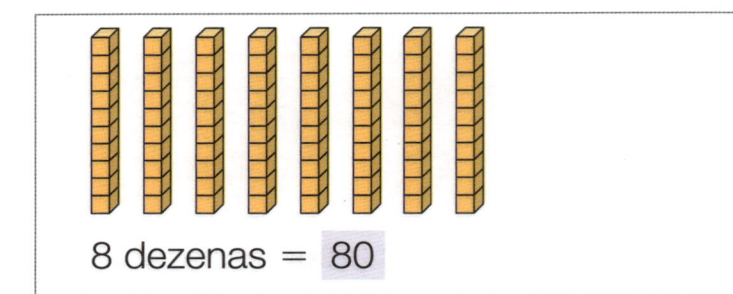

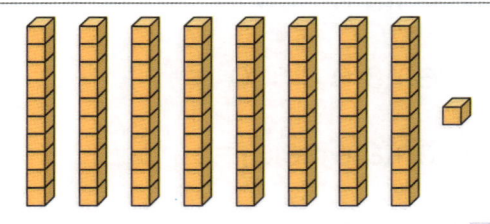

8 dezenas = 80	**D** | **U** IIIIIIII | 8 | 0 oitenta
8 dezenas e 1 unidade = 81	**D** | **U** IIIIIIII | I 8 | 1 oitenta e um
9 dezenas e 6 unidades = 96	**D** | **U** IIIIIIIII | IIIIII 9 | 6 noventa e seis

cento e oitenta e quatro

Praticando

1 Complete com o número que representa a quantidade de cubinhos em cada caso. Represente cada um dos números utilizando o contador que você já montou.

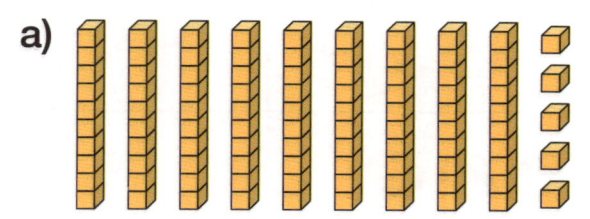

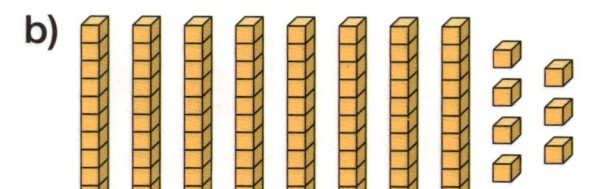

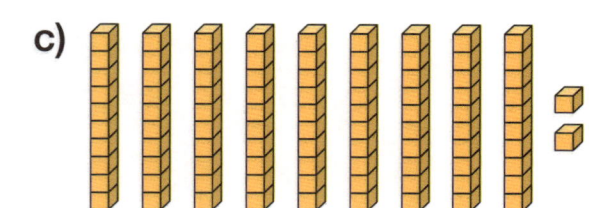

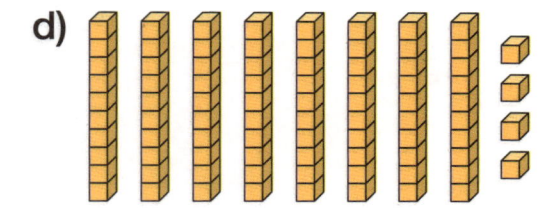

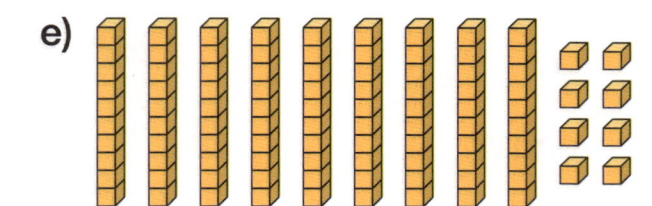

a) _____

b) _____

c) _____

d) _____

e) _____

2 Escreva os números que estão faltando nas duas sequências.

| 80 | | | 83 | | | | | 89 |

| 90 | | 92 | | | | 97 | | |

cento e oitenta e cinco **185**

3 Complete os grupos de dezenas para formar 8 dezenas exatas.

4 Complete corretamente os espaços.

a) 8 dezenas e 5 unidades = _____

b) 9 dezenas e 1 unidade = _____

c) 84 unidades = _____ dezenas e _____ unidades

d) 87 unidades = _____ dezenas e _____ unidades

e) 93 unidades = _____ dezenas e _____ unidades

f) 95 unidades = _____ dezenas e _____ unidades

5 Quais são os vizinhos dos números a seguir?

	82	

	89	

	95	

6 Represente os números nos quadros de ordens utilizando traços.

a) 83

D	U

b) 96

D	U

186 cento e oitenta e seis

7 Escreva os números correspondentes.

a) Oitenta e cinco = _____

b) Oitenta e nove = _____

c) Noventa e um = _____

d) Noventa e sete = _____

e) Noventa e nove = _____

8 Registre o total em dinheiro para cada caso.

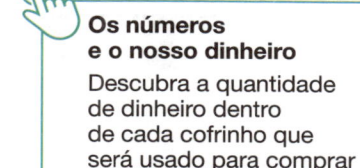

a)

Os números e o nosso dinheiro
Descubra a quantidade de dinheiro dentro de cada cofrinho que será usado para comprar alguns objetos.

_____

b)

_____

9 Com a ajuda do professor, você vai usar o contador que montou. O professor fará um ditado de alguns números de 0 a 99 para você representar no seu contador.

cento e oitenta e sete 187

9 Comparações

Aprendendo

22 pessoas curtiram o meu vídeo. — Bruno

O meu vídeo teve 25 curtidas. — Ana

Já o meu vídeo teve 19 curtidas. — Iaci

O número de curtidas do vídeo de Ana é **maior que** o número de curtidas do vídeo de Bruno.

O número de curtidas do vídeo de Iaci é **menor que** o número de curtidas do vídeo de Bruno.

Praticando

1 Compare os números de cada caixa abaixo e pinte o maior número.

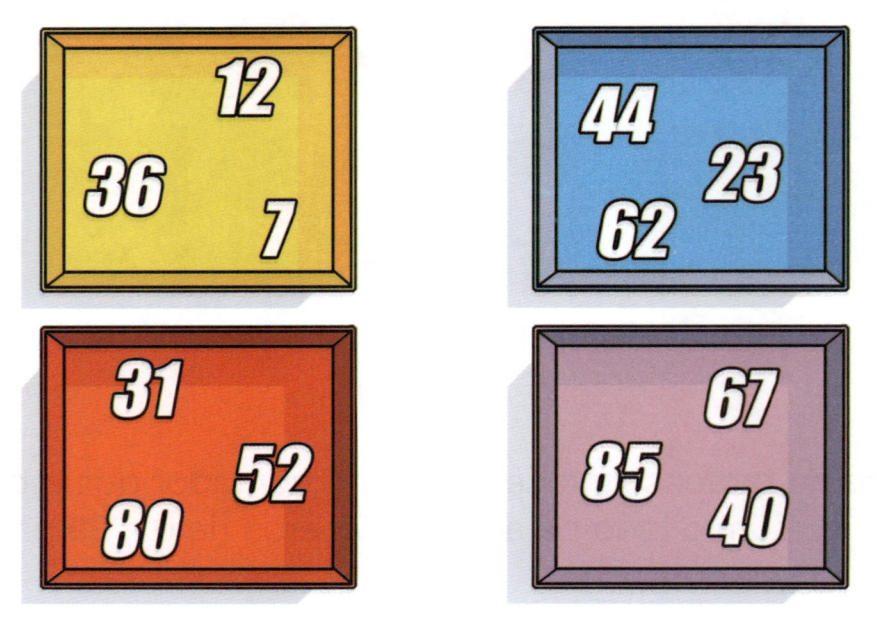

Caixa amarela: 12, 36, 7

Caixa azul: 44, 23, 62

Caixa vermelha: 31, 52, 80

Caixa rosa: 67, 85, 40

188 cento e oitenta e oito

2 Em cada reta numérica, complete os quadrinhos com o número correspondente e, depois, responda às questões.

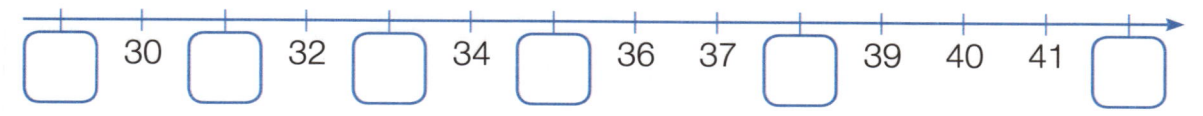

☐ 30 ☐ 32 ☐ 34 ☐ 36 37 ☐ 39 40 41 ☐

a) 35 é maior ou menor que 36? _____

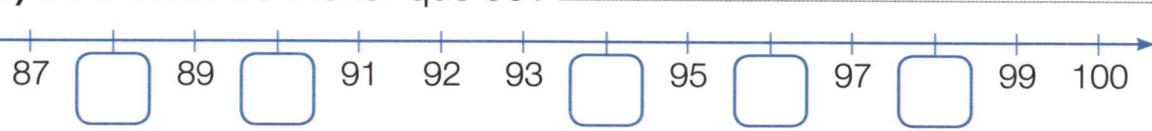

87 ☐ 89 ☐ 91 92 93 ☐ 95 ☐ 97 ☐ 99 100

b) 92 é maior ou menor que 88? _____

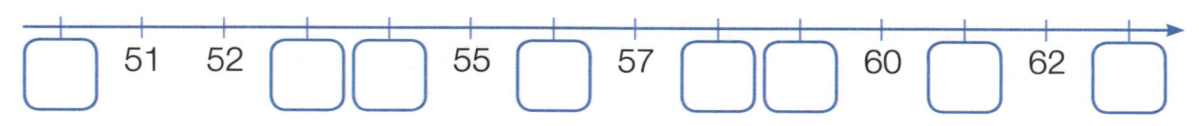

☐ 51 52 ☐ ☐ 55 ☐ 57 ☐ ☐ 60 ☐ 62 ☐

c) Qual é o maior e qual é o menor número representado na reta acima?

_____

3 Escreva o número representado em cada ábaco e, depois, compare-os, completando as frases com: maior que ou menor que.

a) O número _____ é _____ o número _____.

b) O número _____ é _____ o número _____.

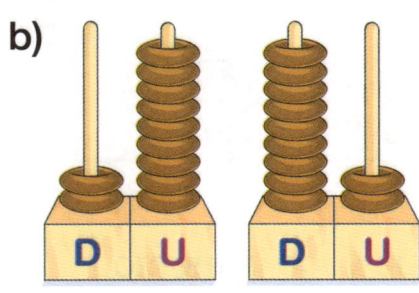

c) O número _____ é _____ o número _____.

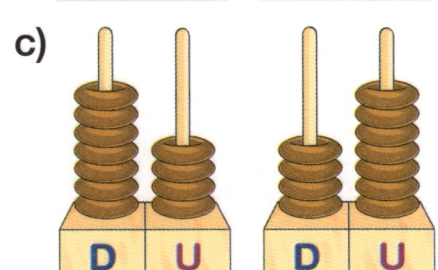

Investigando a chance — Fazendo previsões

1. Observe as situações a seguir e identifique aquela que **acontecerá com certeza**, a que **talvez aconteça** e a que é **impossível de acontecer**.

Vai sair a cor azul.

Vai anoitecer.

Nascerá um filhote fêmea.

ILUSTRAÇÕES: EDNEI MARX

2. Lance algumas vezes o dado da página **A11**, que você já montou. Em seguida, responda.

a) É possível obter o número 7 após lançar o dado? Converse com um colega sobre isso.

b) Que números você pode obter após lançar o dado?

190 cento e noventa

Praticando mais

1 Escreva os números representados nos ábacos.

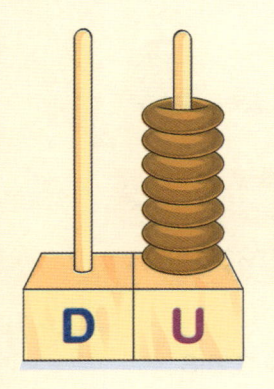

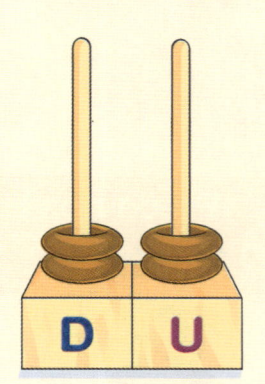

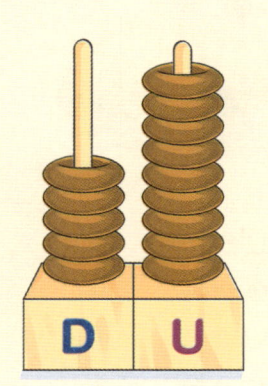

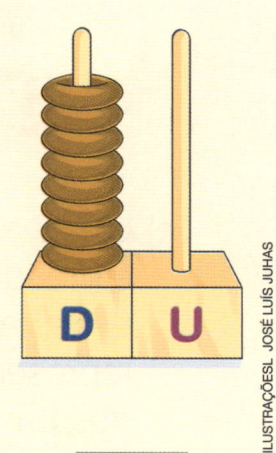

_____   _____   _____   _____

Ábaco
Descubra a representação correta para concluir as fases do jogo.

2 Descubra o número representado em cada caso.

a) 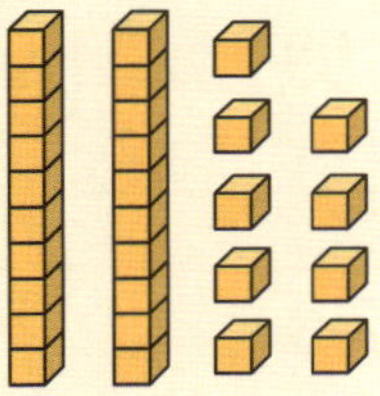   b) 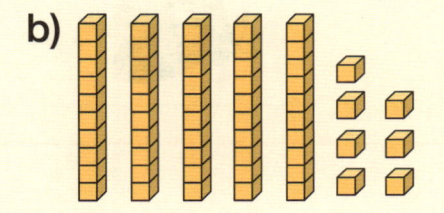   c)

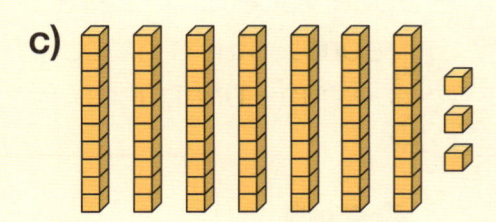

_____   _____   _____

3 Cerque com uma linha a quantidade de cédulas e moedas necessária para formar 68 reais.

- Quantos reais, ao todo, estão representados por todas as cédulas e moedas acima? _____

cento e noventa e um **191**

4 Observe como Bruno representou o preço de seu carrinho com cédulas e moedas de real.

a) Utilize as cédulas e moedas que você já destacou para representar os preços dos brinquedos da tabela ao lado.

b) Agora, desenhe as cédulas e moedas que você usou para representar o preço de cada brinquedo.

Preço dos brinquedos	
Produto	Preço
🧸	44 reais
⛵	72 reais
✈️	99 reais

192 cento e noventa e dois

5 Complete a sequência numérica nos balões.

70 — 72 — ◯ — ◯ — ◯ — 80

6 Pinte de verde o maior número do quadro e de vermelho o menor número. Depois, pinte de amarelo todos os números situados entre 65 e 75.

75	94	54	71	67	85	95	77	98
66	58	81	82	93	55	96	69	74

Desafio

Leia as dicas e descubra quantos gibis Ana tem.

Tenho mais gibis que Lucas, mas menos que Iaci. O número de gibis que tenho termina com 7.

Tenho 28 gibis.

Tenho 39 gibis.

• Quantos gibis Ana tem? _____

cento e noventa e três **193**

UNIDADE 9
Medidas de tempo

Trocando ideias

1. A primeira cena mostra Caio acordando. A que horas ele acorda?
2. A que horas Caio sai da escola?
3. O que Caio faz nos outros horários?
4. O que indica os números 3, 10 e 2019 em 3/10/2019?

cento e noventa e cinco 195

1 O relógio

Aprendendo

*Usamos o **relógio** para medir o **tempo**.*

Agora são três horas.

Praticando

1 Ligue corretamente os diferentes tipos de relógio aos seus nomes.

cronômetro

despertador

relógio de pulso

relógio digital

2 A mãe de Iaci disse a ela que sairiam de casa às 9 horas para visitar sua avó. Observe o relógio marcando a hora em que ela disse isso.

> O ponteiro pequeno está no número 8, e o ponteiro grande está no número 12. O relógio está marcando 8 horas.

a) Quanto tempo falta para Iaci e sua mãe saírem de casa?

b) Escreva a hora que cada relógio abaixo está marcando.

_____ horas   _____ horas   _____ horas

3 No mostrador dos relógios digitais, os números são separados por dois-pontos.

- Que horas esse relógio digital está marcando?

cento e noventa e sete 197

4 Desenhe os ponteiros nos relógios de acordo com a hora indicada em cada caso. Depois, com a ajuda de seu professor, represente cada um desses horários, utilizando o relógio da página **A12**, no final do livro.

Acordei às 6 horas.

Cheguei à escola às 7 horas.

Lanchei às 9 horas.

Voltei para casa às 11 horas.

5 Isabela está observando o relógio de parede da casa dela. Ajude-a a colocar os números que estão faltando no mostrador desse relógio.

198 cento e noventa e oito

6 Em cada cena indique o período do dia em que Cláudio e Lúcia fizeram cada atividade em um dia, escrevendo: manhã, tarde ou noite.

- Agora, com base nas cenas, conte a um colega o que Cláudio e Lúcia fizeram nesse dia, respeitando a ordem em que essas atividades ocorreram.

7 Escreva a hora que cada relógio abaixo está marcando.

_____ hora   _____ horas   _____ horas   _____ horas

cento e noventa e nove **199**

8 Observe a hora que o relógio digital está marcando.

- Agora, cerque com uma linha o relógio de ponteiros que está marcando a mesma hora que o relógio acima.

9 Observe o relógio abaixo.

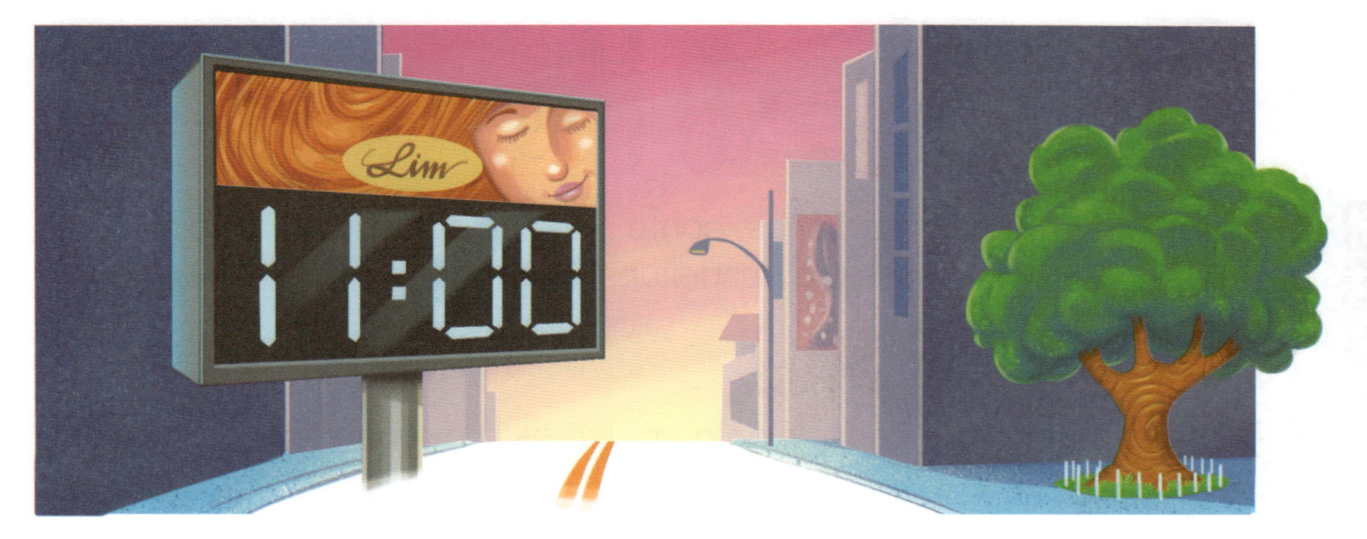

a) Que horas o relógio está marcando? _____

b) Há uma hora, que horas esse relógio marcou? _____

c) Em uma hora, qual será a hora nesse relógio? _____

d) Registre como esse relógio marcará 14 horas. _____

2 Os dias da semana

Aprendendo

Uma **semana** tem **7 dias**. Os dias da semana são: domingo, segunda-feira, terça-feira, quarta-feira, quinta-feira, sexta-feira e sábado.

Praticando

1 Que dia da semana é hoje? Pinte de 🟡 o quadro que indica esse dia.

| domingo | segunda-feira | terça-feira |

| quarta-feira | quinta-feira | sexta-feira | sábado |

2 Pinte de 🔵 os dias que vêm depois da segunda-feira e antes da sexta-feira.

| domingo | segunda-feira | terça-feira |

| quarta-feira | quinta-feira | sexta-feira | sábado |

duzentos e um 201

3 Observe algumas atividades de Bruno durante uma semana.

Domingo 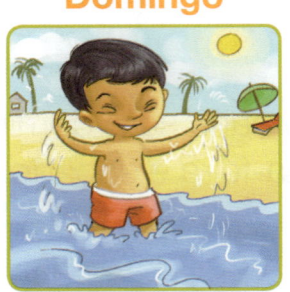
Segunda-feira 
Terça-feira 
Quarta-feira 
Quinta-feira 
Sexta-feira 
Sábado

a) Uma semana tem quantos dias? _____

b) Em quantos dias da semana Bruno costuma ir à escola? _____

c) Pinte de 🟢 o quadro do dia da semana em que Bruno foi à praia e de 🟠 o quadro do dia da semana em que Bruno foi ao parque.

domingo	segunda-feira
terça-feira	quarta-feira	quinta-feira
sexta-feira	sábado

202 duzentos e dois

É hora da leitura!

Bruno e sua turma criaram um concurso de parlendas. De todas, as crianças gostaram muito destas duas. Veja.

O tempo

O **tempo** perguntou ao **tempo**
quanto **tempo** o **tempo** tem.
O **tempo** respondeu ao **tempo**
que não tinha **tempo**
de ver quanto **tempo**
o **tempo** tem.

Da tradição popular.

Hoje é domingo

Hoje é **domingo**,
Pede cachimbo
O cachimbo é de ouro,
Bate no touro,
O touro é valente,
Bate na gente,
A gente é fraco,
Cai no buraco,
O buraco é fundo,
Acabou-se o mundo.

Da tradição popular.

- Agora é sua vez! Você conhece outra parlenda? Sabe alguma que fale sobre dias da semana ou sobre meses do ano? Recite-a para um colega.

duzentos e três 203

3 Os meses do ano

Aprendendo

O **ano** tem **12 meses**. Observe, no quadro a seguir, quais são eles.

MESES DO ANO

JANEIRO — FEVEREIRO — MARÇO — ABRIL
MAIO — JUNHO — JULHO — AGOSTO
SETEMBRO — OUTUBRO — NOVEMBRO — DEZEMBRO

Praticando

1 Clara faz aniversário em julho, e sua irmã faz aniversário 3 meses depois.

a) Qual é o mês que vem imediatamente antes de julho?

b) Qual é o mês que vem imediatamente depois de julho?

c) Em qual mês a irmã de Clara faz aniversário?

d) Qual é o mês que vem imediatamente antes do mês em que a irmã de Clara faz aniversário?

e) E você, faz aniversário antes, depois ou no mesmo mês que Clara?

2 Escreva abaixo o dia, o mês e o ano em que você nasceu.

_____ / _____ / _____

3 Isabela observa o quadro com os meses do ano.

MESES DO ANO		
janeiro	fevereiro	março
abril	maio	junho
julho	agosto	setembro
outubro	novembro	dezembro

Ajude-a, pintando:

a) de 🔴 o mês do Carnaval;

b) de 🔵 o mês de São João;

c) de 🟢 o mês da criança;

d) de 🟡 o mês do Natal;

e) de 🟠 o mês que começa com a letra N;

f) de 🟤 o primeiro mês do ano;

g) de 🌸 o mês em que se comemora o dia das mães;

h) de 🟣 o mês em que se comemora o dia do índio.

4 Observe o calendário abaixo e faça o que se pede.

a) O dia 11 de abril, que está pintado de azul, corresponde a que dia da semana?

_____

b) Amanda tem aulas de natação todas as segundas-feiras. Cerque com uma linha todos os dias em que ela teve natação nesse mês.

duzentos e cinco **205**

É hora da leitura!

Acompanhe a leitura que seu professor vai fazer.

Doze meses

[...] Se janeiro é quem começa,
muita coisa ele traz.
A seguir vem fevereiro,
e vem março logo atrás!

É abril quem vem chegando,
maio vem logo a seguir.
Quando junho acabar,
o semestre vai partir!

Julho vem trazendo férias,
mas, se eu noto que acabou,
passo logo por agosto
e é setembro que chegou!

Outubro é o mês da criança,
e o ano está no fim.

Vem novembro, vem dezembro,
e o Natal está pra mim!

Cada ano é um pacotinho,
muita coisa ele traz.

Pois janeiro vem na frente
e dezembro vem por trás!

Esses são todos os meses,
dão um ano inteirinho.

Se até doze eu contar,
uma dúzia dá certinho! [...]

Pedro Bandeira. *Mais respeito, eu sou criança!* São Paulo: Editora Moderna. (Coleção Girassol)

Tratando a informação

Organizar dados em tabela

1 Na escola de Ana será feita uma horta, e cada turma plantará um tipo de hortaliça. Ana fez uma pesquisa com seus colegas para saber qual hortaliça sua turma prefere plantar. Veja como ela registrou.

Eu já tenho o resultado da pesquisa.

VOTOS DA TURMA
ALFACE ☐☐
COUVE ☐☐☐|
ESPINAFRE ☐☐☐

a) Conte o total de votos que cada hortaliça recebeu e anote na tabela ao lado.

b) Qual hortaliça a turma de Ana preferiu plantar? Como você fez para descobrir?

Tipo de hortaliça	
Hortaliça	Quantidade de votos
Alface	
Couve	
Espinafre	

Dados obtidos por Ana em maio de 2019.

duzentos e sete **207**

2 Agora é a vez de sua turma! Um aluno escolhido pelo professor vai entrevistar seus colegas para saber qual dos cachorrinhos abaixo os alunos da sua sala gostariam de ter. Cada aluno pode escolher apenas 1 cachorrinho.

Linda • Rex • Tor • Astor

Coletando e organizando os dados

- Cada um dos colegas deve dizer qual dos cachorrinhos gostaria de ter, e o aluno entrevistador fará, no quadro de giz, um traço para cada voto.

Organizando os dados em uma tabela

- Conte o total de votos que cada cachorrinho recebeu e anote na tabela abaixo.

Preferência da turma	
Cachorrinho	Quantidade de votos
Linda	
Rex	
Tor	
Astor	

Dados obtidos por: _____

a) Quantos votos obteve Tor? _____

b) Qual é o cachorrinho que a maioria dos alunos da sua sala gostaria de ter? _____

208 duzentos e oito

Praticando mais

1 Que horas cada relógio está marcando?

_____ horas    _____ horas

2 Pinte de 🟢 os dias em que você vai à escola e de 🟠 os dias em que normalmente não há aula.

- domingo
- segunda-feira
- terça-feira
- quarta-feira
- quinta-feira
- sexta-feira
- sábado

Desafio

Pinte de 🟡 os três primeiros meses do ano e de 🔵 os três últimos meses do ano.

março	setembro	agosto	abril
junho	outubro	fevereiro	novembro
dezembro	julho	janeiro	maio

duzentos e nove 209

UNIDADE 10
Noções de multiplicação e de divisão

Trocando ideias

1. Quantas caixas de maçãs o feirante está segurando?
2. Quantas maçãs há em cada caixa?
3. No total, quantas maçãs há nas caixas? Como você fez para calcular esse total de maçãs?
4. Quanto a cliente vai pagar por oito maçãs?

4 MAÇÃS POR 2 REAIS

duzentos e onze 211

1 As ideias da multiplicação

Aprendendo

Tenho 2 embalagens de bolas de tênis. Em cada embalagem, há 3 bolas de tênis.

Você tem, ao todo, 6 bolas de tênis.

Praticando

1. Observe as ilustrações e calcule o total de brinquedos em cada quadro.

1 + 1 = _____

2 + 2 = _____

4 + 4 = _____

212 duzentos e doze

2 Bruno desenhou os 5 círculos abaixo. Desenhe no quadro a mesma quantidade de círculos de Bruno. Depois, complete a adição.

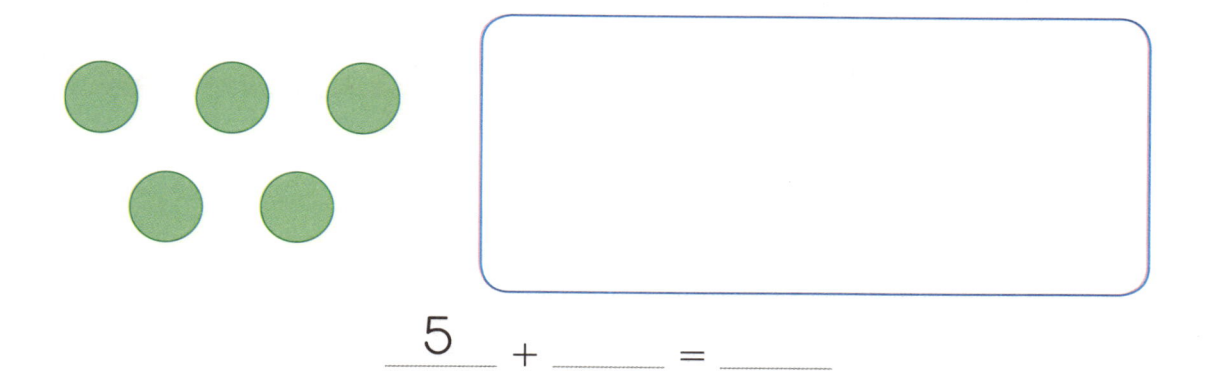

__5__ + _____ = _____

3 As poltronas abaixo estão em 2 fileiras com 4 poltronas cada uma.

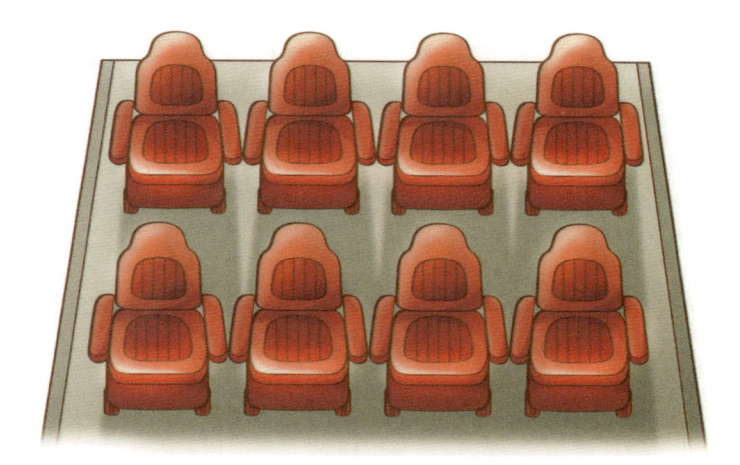

- Quantas poltronas há na ilustração? _____

4 Observe os vasos de flores que a mãe de Iaci colocou nas prateleiras e complete as frases.

a) A mãe de Iaci usou _____ prateleiras.

b) Em cada prateleira, ela colocou _____ vasos.

c) No total, ela colocou _____ vasos nas prateleiras.

duzentos e treze **213**

5 Uma sorveteria oferece 2 tipos de casquinha (em forma de cone e de copinho) e 3 sabores (morango, menta e chocolate). Veja as combinações de sorvete que podem ser feitas.

Combinações de sabor e casquinha			
Sabores / Tipos de casquinha	Morango	Menta	Chocolate
Cone			
Copinho			

a) Considerando os sabores, pinte os sorvetes que não foram coloridos.

b) Considerando o tipo de casquinha e o sabor, quantas escolhas diferentes de sorvete podem ser feitas nessa sorveteria? _____

6 Observe os ursinhos de Iaci e de Ana e complete.

Iaci tem _____ ursinho.

Ana tem _____ ursinhos.

Ana tem o **dobro** da quantidade de ursinhos de Iaci.

2 é o **dobro** de 1.

7 Observe os balões que Isabela e Mário ganharam e complete as frases.

a) Isabela tem _____ balões.

b) Mário tem _____ balões.

c) __6__ é o dobro de _____.

2 As ideias da divisão

Aprendendo

Tia Cláudia repartiu igualmente 4 bolas entre nós duas. Eu recebi 2 bolas.

Eu também recebi 2 bolas.

Praticando

1 O total de lápis abaixo deve ser repartido igualmente entre Bruno e Lucas. Desenhe os lápis que cada um receberá.

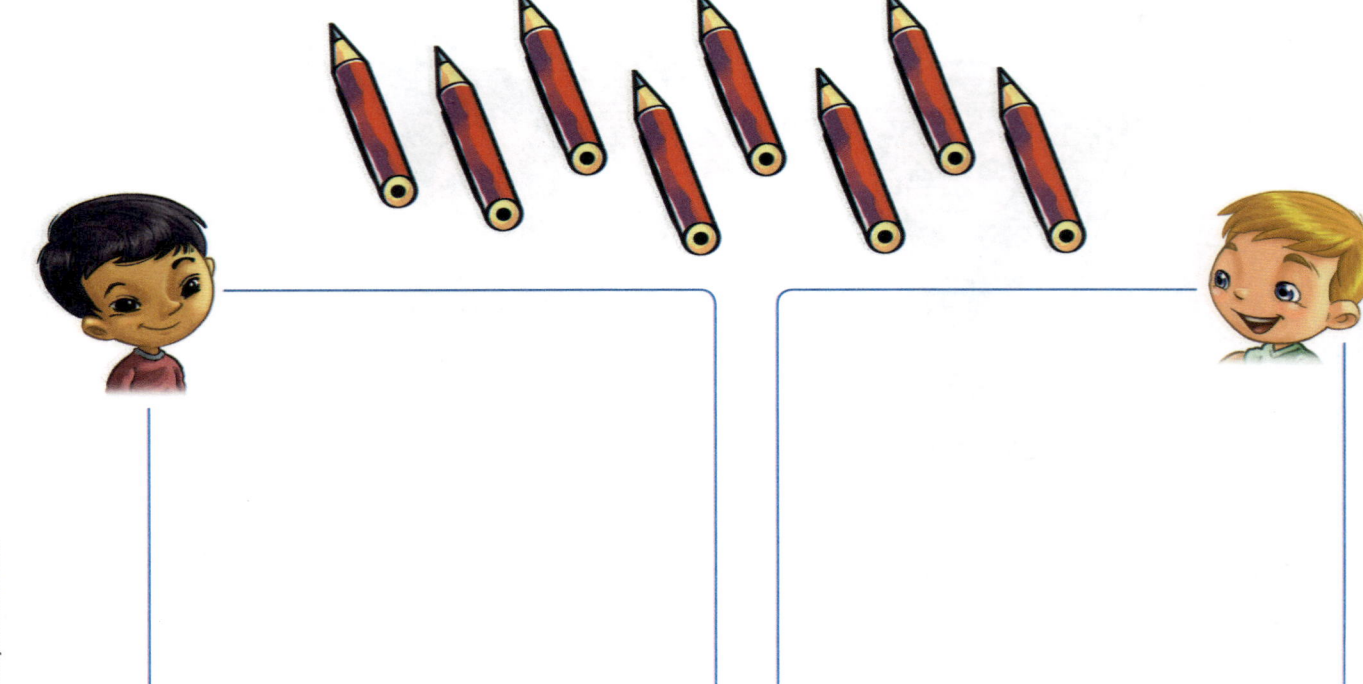

2 A mãe de Paula quer plantar em vasos as sementes de girassol abaixo. Em cada vaso, ela vai plantar 3 sementes.

a) Cerque com uma linha grupos de 3 sementes.

b) Quantas sementes há ao todo? _____

c) Quantos grupos de 3 sementes foram formados? _____

d) Complete: A mãe de Paula vai precisar de _____ vasos para plantar todas as sementes.

3 Carol dividiu com sua irmã Clara as 4 balas que ganhou. Cada uma ficou com metade das balas.

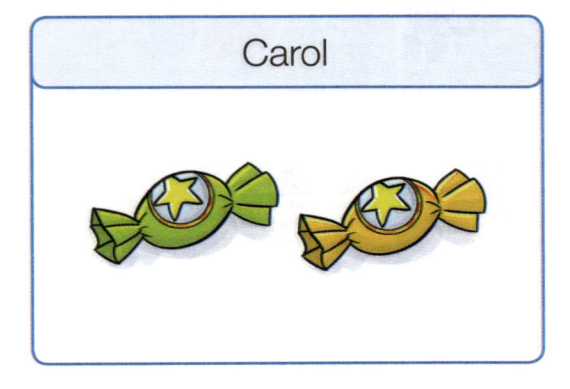

| Carol | Clara |

a) Com quantas balas cada uma ficou após a divisão? _____

b) Complete: _____ é **metade** de __4__.

4 Iaci pintou metade de uma das figuras na cor verde. Ajude-a a colorir a outra figura, pintando metade dela na cor laranja.

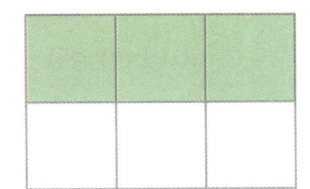

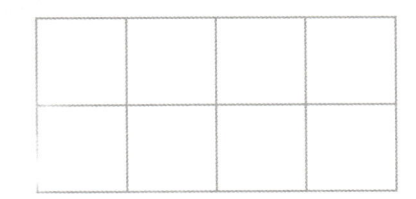

duzentos e dezessete **217**

Praticando mais

1 Observe as cédulas e complete as frases.

a) Há _____ cédulas de mesmo valor.

b) O valor de cada cédula é _____ reais.

c) No total, há _____ reais.

2 Ana colou seus adesivos em uma folha. Ela formou 2 fileiras com 5 adesivos cada uma.

• Quantos adesivos Ana colou na folha? _____

3 Leia o que as meninas estão falando. Depois, responda.

Comi 2 cerejas. — Iaci

Comi 8 cerejas. — Ana

Comi 4 cerejas. — Isabela

• Quem comeu o dobro da quantidade de cerejas que Iaci comeu?

_____

218 duzentos e dezoito

4 Lucas foi a uma lanchonete que oferece 3 tipos de suco (limão, laranja e morango) e 3 tipos de sanduíche (queijo, misto e natural).

Combinações de suco e sanduíche			
Sucos / Sanduíches	Limão	Laranja	Morango
Queijo	🥤🥪	🥤🥪	
Misto	🥤🥪	🥤🥪	🥤🥪
Natural	🥤🥪		🥤🥪

a) Cerque com uma linha as combinações que estão faltando no quadro.

b) De quantas maneiras diferentes Lucas pode lanchar? _____

5 Os ossos abaixo serão repartidos igualmente entre 4 cachorros.

a) Quantos ossos há no total? _____

b) Quantos ossos cada cachorro vai ganhar? _____

6 Observe os passarinhos no galho da árvore. Eles voarão para seus ninhos. Em cada ninho ficarão 2 passarinhos.

a) Quantos passarinhos há no galho da árvore? _____

b) Quantos ninhos serão ocupados pelos passarinhos? _____

7 A mãe de Bruno comprou meia dúzia de ovos para fazer doces. Em cada doce, ela vai usar dois ovos.

a) Quantos ovos a mãe de Bruno comprou? _____

b) Se usar todos os ovos que comprou, quantos doces ela poderá fazer? _____

Divisão
Pratique a divisão em cada situação apresentada.

8 Cerque com uma linha metade dos botões.

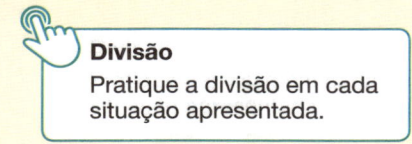

Desafio

Em uma loja, cada pipa custa 2 reais. Jonas gastou 8 reais em pipas. Pinte a quantidade de pipas que ele comprou.

duzentos e vinte e um **221**

UNIDADE 11

Medidas de comprimento

222 duzentos e vinte e dois

Trocando ideias

1. O que quatro das crianças da ilustração estão fazendo?
2. O comprimento da piscina de bolinhas corresponde a quantos passos do menino de camiseta amarela?
3. Quantos palmos da menina de camiseta verde mede o comprimento do tampo da mesa?

duzentos e vinte e três 223

1 Medindo comprimentos

🎓 Aprendendo

"Qual é o giz de cera mais comprido: o amarelo ou o verde?"

"O gol tem o comprimento igual a 6 pés do Mário."

Praticando

Bruno mediu o comprimento da mesa utilizando o palmo.

- A mesa tem o comprimento de _____ palmos de Bruno.

2 Instrumentos usados para medir comprimento

Aprendendo

A **régua**, a **fita métrica** e a **trena** são alguns dos instrumentos utilizados para medir **comprimento**.

Praticando

Marque com um **X** os instrumentos que podem ser usados para medir comprimentos.

jarra medidora

relógio

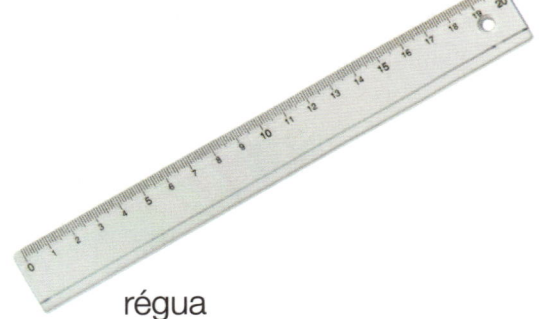

régua

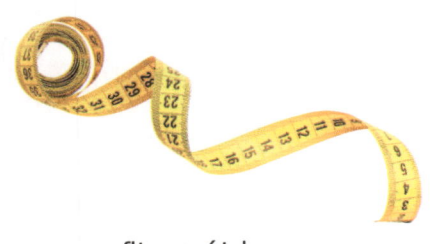

fita métrica

balança

trena

- Dos instrumentos acima, qual deles uma costureira usa para medir roupas? E qual instrumento é usado por um pedreiro?

duzentos e vinte e cinco 225

3 O centímetro

Aprendendo

A borracha tem 5 **centímetros** de comprimento.

Praticando

Determine o comprimento de cada figura em centímetro.

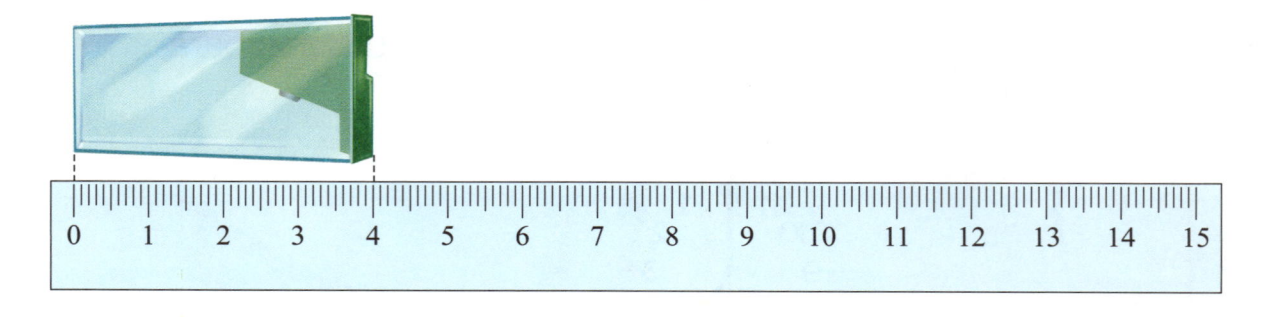

_____ centímetros.

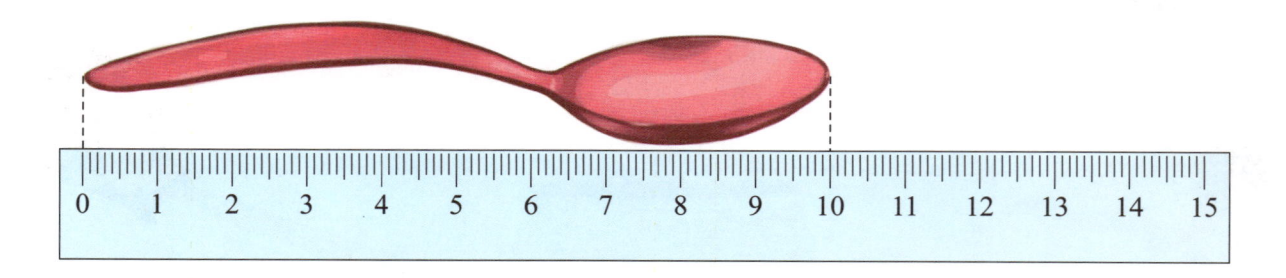

_____ centímetros.

- Agora, responda: a colher tem o dobro do comprimento da borracha de Isabela? Converse sobre isso com os colegas.

226 duzentos e vinte e seis

4 O metro

🎓 Aprendendo

1 Iaci e Ana resolveram medir o comprimento de uma mesa com uma fita métrica.

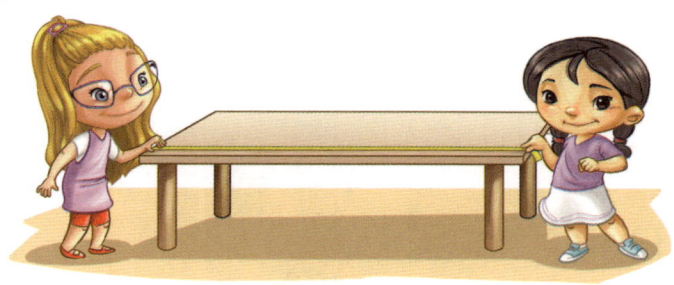

Elas verificaram que a mesa tem 2 **metros** de comprimento. O **metro** é uma unidade de medida usada para indicar **comprimentos**.

✏️ Praticando

Observe a cena.

> Mário, você é mais alto que esse barbante de 1 metro de comprimento. Então, você tem mais de 1 metro de altura.

Medindo comprimentos
Assista à animação e veja diferentes formas de medir.

- Agora, Mário está medindo altura da mesa. Marque com um **X** a medida encontrada por ele.

Mais de 1 metro. ☐

Menos de 1 metro. ☐

duzentos e vinte e sete 227

5 Caminhos e medidas

Aprendendo

"Cada uma das setas da ilustração tem 1 centímetro de comprimento."

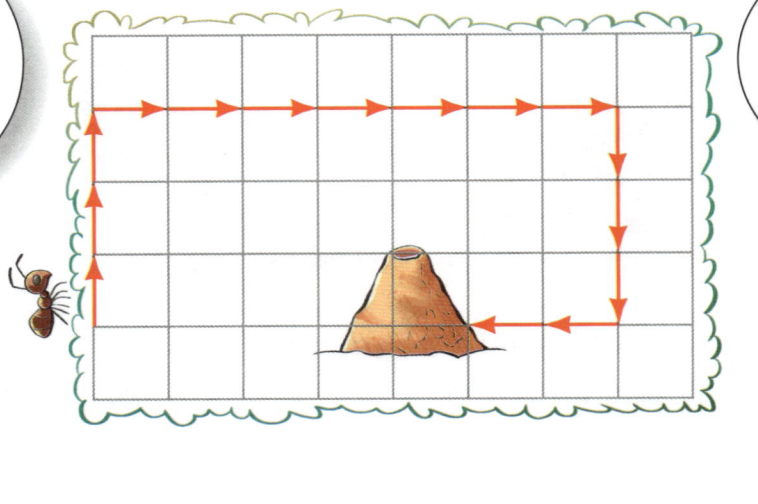

"Então, o caminho que a formiga fará para chegar ao formigueiro tem comprimento de 15 centímetros."

Praticando

Observe o caminho que Iaci fará para encontrar Ana.

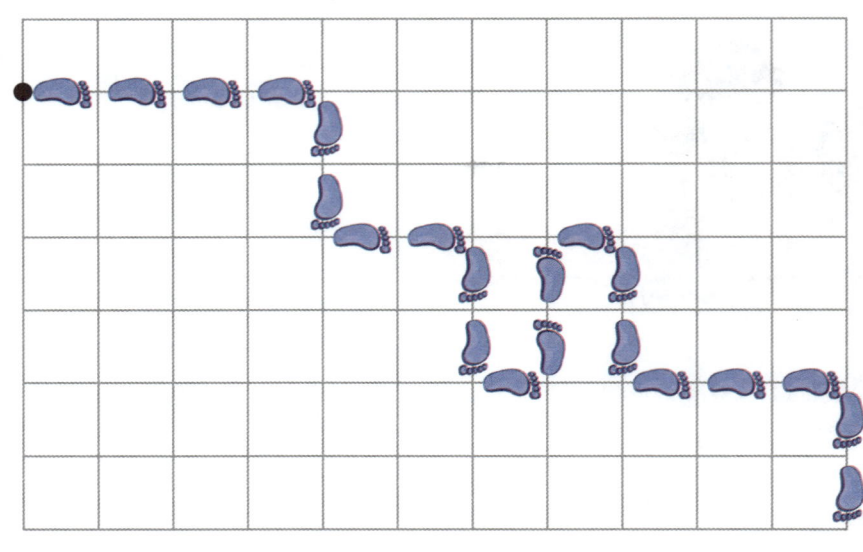

Cada 👣 representa um passo de Iaci.

a) Quantos passos Iaci dará? _____

b) Que caminho você faria para chegar a Ana? Represente-o acima.

228 duzentos e vinte e oito

Jogando e aprendendo

Medidas

Material

✓ 12 cartas da página **A13**

Maneira de brincar

1. Reúna-se a um colega para jogar.

2. Destaquem as cartas.

3. Embaralhem as cartas e distribuam-nas sobre a mesa com as figuras viradas para baixo.

4. Decidam quem iniciará o jogo.

5. Quem começa o jogo vira uma das cartas. Em seguida, vira outra para tentar encontrar a carta que faz par com a primeira. Caso as duas cartas viradas façam par, o jogador fica com elas; do contrário, desvira as duas e passa a vez.

6. Quando um jogador encontra um par, joga novamente e só passa a vez quando não fizer par.

7. Ganha o jogo aquele que tiver mais pares de cartas no final.

Agora, responda.

- Qual instrumento de medida vocês usariam para medir suas alturas: uma régua ou uma trena?

duzentos e vinte e nove **229**

Tratando a informação

Organizar dados em gráficos de barras verticais

1 A professora de Bruno organizou uma votação para saber de qual dos doces da festa da escola os alunos mais gostaram. Em seguida, ela anotou o voto de cada aluno no quadro de giz.

```
QUINDIM  | | | | | | | | |
COOKIE   | | | | |
SONHO    | | | | | | | |
BOLO     | | | |
```

- Ajude a professora de Bruno a organizar os dados coletados em um **gráfico de barras verticais**, pintando os quadrinhos que faltam para completar a quantidade de votos que cada doce recebeu.

Doces de que os alunos mais gostaram

Dados obtidos pela professora de Bruno em junho de 2019.

a) De qual doce os alunos mais gostaram? _____

b) Quantos votos recebeu o doce menos votado? _____

2 Mário realizou uma pesquisa sobre a cor preferida de seus colegas e anotou as respostas em um pedaço de papel.

LARANJA | | | | | | | |
VERDE | | | | |
AZUL | | | | | |

- Ajude Mário a organizar os dados coletados em um gráfico de barras verticais, pintando os quadrinhos de acordo com os votos que cada cor recebeu.

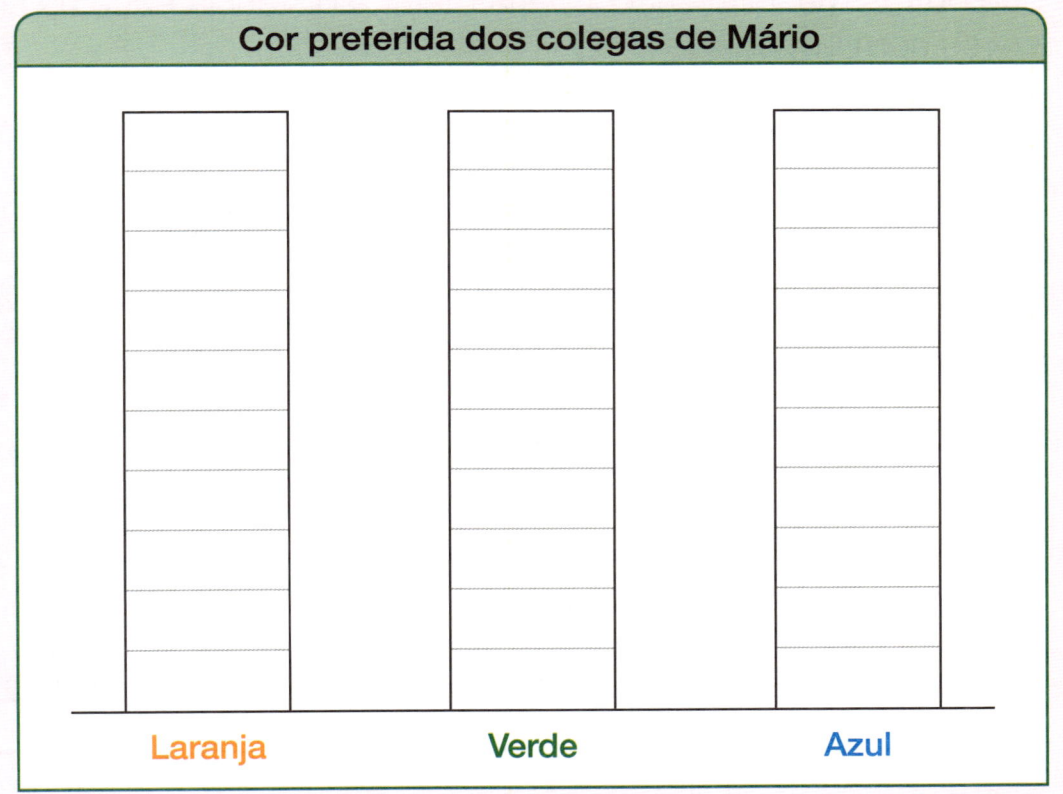

Cor preferida dos colegas de Mário

Laranja   Verde   Azul

Dados obtidos por Mário em junho de 2019.

a) Qual foi a cor menos votada pelos alunos da sala de Mário? _____

b) Quantos votos a cor laranja recebeu? _____

duzentos e trinta e um **231**

Praticando mais

1 Iaci usou o passo para medir a distância entre duas árvores.

a) Complete: A distância encontrada por Iaci foi _____ passos.

b) De que outras maneiras Iaci poderia medir a distância entre as árvores? Converse com um colega.

2 Bruno e Ana estão à frente de um painel quadriculado.

a) A altura de Bruno corresponde à medida do lado de quantos ▢? _____

b) Qual é a criança mais alta? _____

3 Observe a imagem de parte de uma rua.

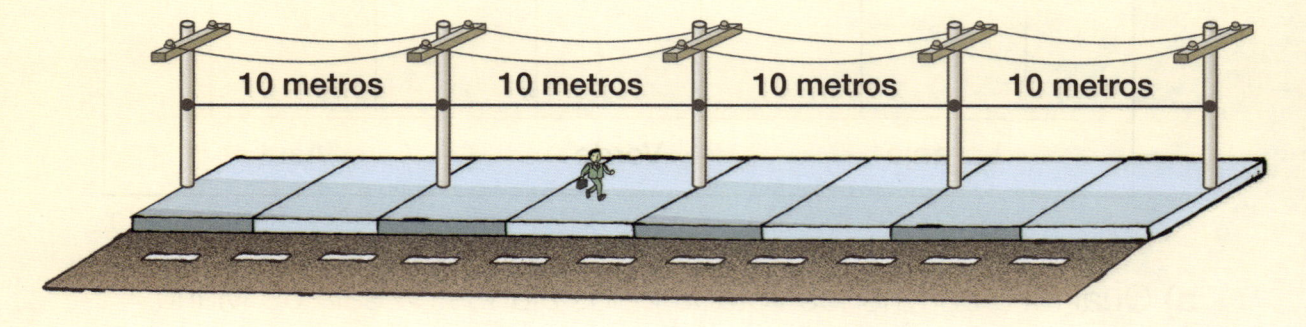

10 metros   10 metros   10 metros   10 metros

- Quantos metros de comprimento tem essa parte da rua? _____

232 duzentos e trinta e dois

4 Observe a imagem ao lado.

Cada seta representada mede 1 centímetro.

- Qual é o comprimento do caminho que a tartaruga percorrerá até chegar ao ponto verde?

_____

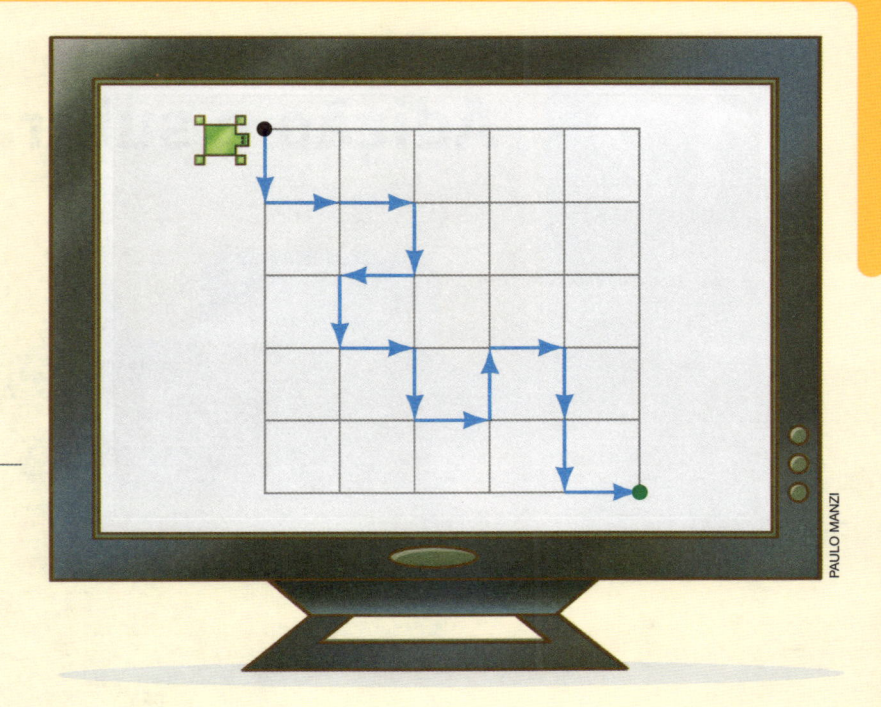

Desafio

Determine o comprimento de cada figura em centímetro.

_____ centímetros.

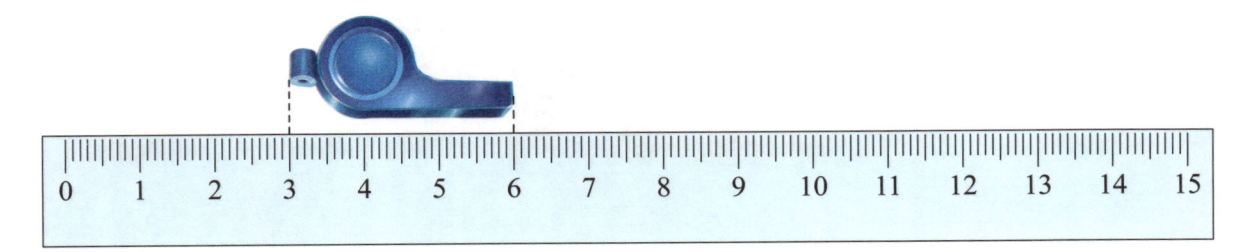

_____ centímetros.

- Se o apito fosse usado como unidade de medida, o trenzinho teria _____ apitos de comprimento.

duzentos e trinta e três 233

UNIDADE 12

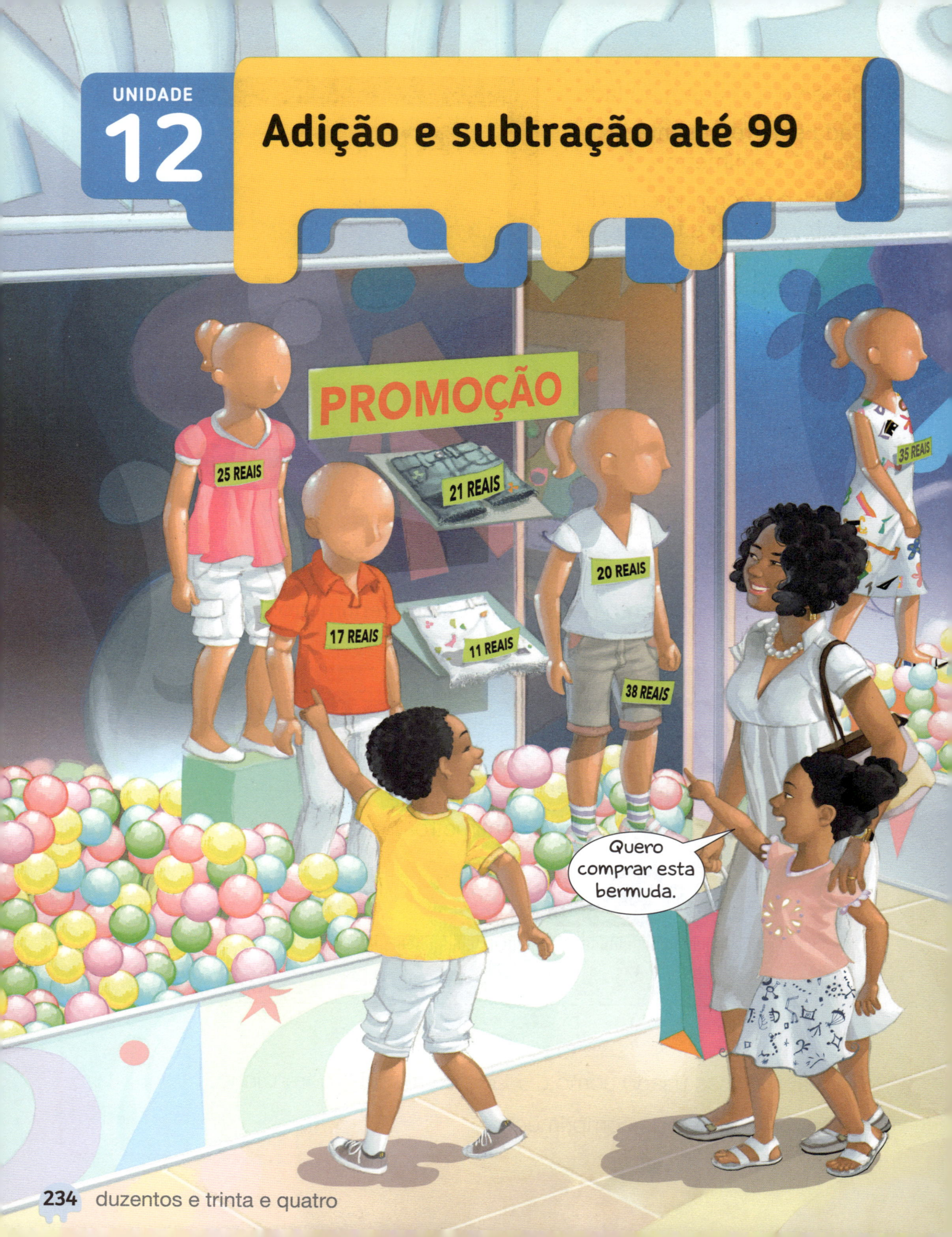

Adição e subtração até 99

Quero comprar esta bermuda.

234 duzentos e trinta e quatro

Trocando ideias

1. Se o menino comprasse o *short jeans* e a camiseta, quanto gastaria?
2. E se menina comprasse a bermuda e a saia, quanto gastaria?
3. O *short* é mais caro que a saia? Se sim, quantos reais a mais?

1 Adição até 19

Aprendendo

*Para saber o total de bolas vermelhas e verdes, é preciso fazer uma **adição**.*

Dez mais oito é igual a dezoito.

Essa adição pode ser representada da seguinte maneira:

10 + 8 = 18   ou

D	U
1	0
+	8
1	8

Praticando

1. A avó de Ana cria 12 galinhas e 7 patos. Quantas aves ela cria ao todo?

_____ + _____ = _____

A avó de Ana cria _____ aves ao todo.

236 duzentos e trinta e seis

2 Iaci tem cubinhos nas cores vermelha, azul e amarela. Qual é o total de cubinhos que Iaci tem?

_____ + _____ + _____ = _____

Iaci tem _____ cubinhos no total.

3 Mário tem bolinhas nas cores verde, laranja, lilás e vermelha. Qual é o total de bolinhas que Mário tem?

_____ + _____ + _____ + _____ = _____

Mário tem _____ bolinhas no total.

4 Observe e complete.

Exemplo:

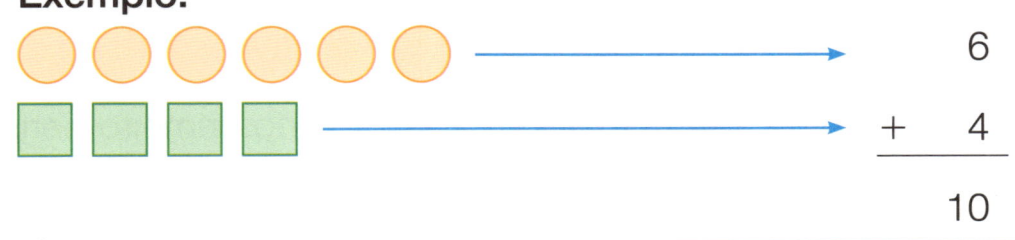

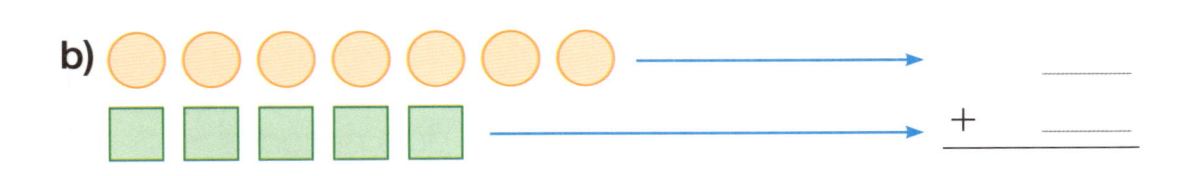

```
                                6
                             +  4
                             ____
                               10
```

a)
```
                                ___
                             +  ___
                             ____
                                ___
```

b)
```
                                ___
                             +  ___
                             ____
                                ___
```

duzentos e trinta e sete **237**

5 Bruno comprou 9 balas e 8 chocolates. Quantos doces ele comprou ao todo?

_____ + _____ = _____

Bruno comprou

_____ doces ao todo.

6 Isabela ganhou uma caixa com 10 lápis de cor. Depois, ela ganhou outra caixa com 6 lápis. Quantos lápis de cor Isabela ganhou ao todo?

_____ + _____ = _____

Isabela ganhou

_____ lápis de cor ao todo.

7 Em um jogo de basquete, Mário marcou 14 pontos no primeiro período e 5 pontos no segundo período. Quantos pontos Mário marcou nesses dois períodos?

_____ + _____ = _____

Nesses dois períodos,

Mário marcou _____ pontos.

8 Qual o total em dinheiro para cada caso a seguir?

a)  10 reais + 2 reais = _____ reais

b)  5 reais + 5 reais = _____ reais

c)  10 reais + 5 reais = _____ reais

d)  10 reais + 5 reais + 2 reais = _____ reais

9 Bruno ganhou 12 reais de seu pai e 5 reais de sua mãe. Quanto ele ganhou ao todo?

_____ reais + _____ reais = _____ reais

Bruno ganhou _____ reais ao todo.

10 Efetue as adições a seguir.

a) 3
   + 2
   ____

b) 7
   + 7
   ____

c) 9
   + 1
   ____

d) 8
   + 3
   ____

e) 8
   + 10
   ____

f) 8
   + 6
   ____

g) 7
   + 5
   ____

h) 9
   + 4
   ____

i) 7
   + 9
   ____

j) 4
   + 6
   ____

k) 10
   + 4
   ____

l) 5
   + 8
   ____

11 Efetue as adições a seguir.

a) 11 + 0 = _____

b) 11 + 2 = _____

c) 11 + 4 = _____

d) 11 + 7 = _____

e) 11 + 8 = _____

f) 12 + 1 = _____

g) 12 + 3 = _____

h) 12 + 5 = _____

i) 12 + 6 = _____

j) 13 + 1 = _____

k) 13 + 3 = _____

l) 13 + 4 = _____

m) 13 + 6 = _____

n) 14 + 0 = _____

o) 14 + 1 = _____

p) 14 + 3 = _____

13 + 5 = 18

240 duzentos e quarenta

2. Adição até 99

Aprendendo

Tenho 12 jangadinhas.

Tenho 15 barquinhos.

As duas têm, juntas, 27 brinquedos no tanque.

D	U
1	2
+ 1	5
2	7

Essa adição pode ser representada assim: 12 + 15 = 27

Praticando

1 Observe o exemplo. Depois, complete e efetue as adições.

Exemplo:

24 + 14 = 38

D	U
2	4
+ 1	4
3	8

duzentos e quarenta e um 241

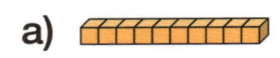

a) 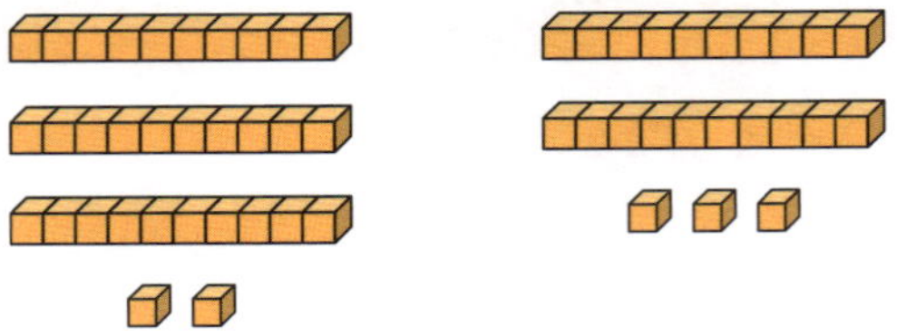 32 + 23 = _____

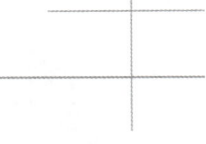

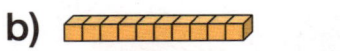

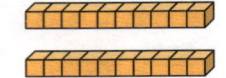

b) 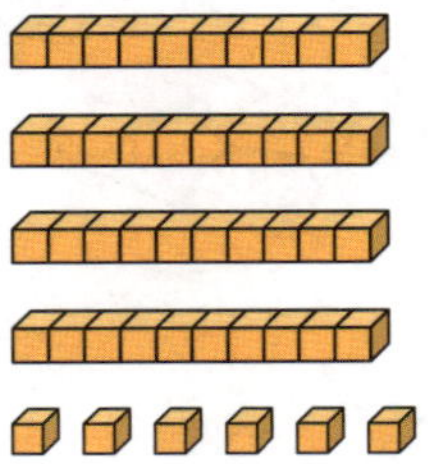 46 + 31 = _____

c) 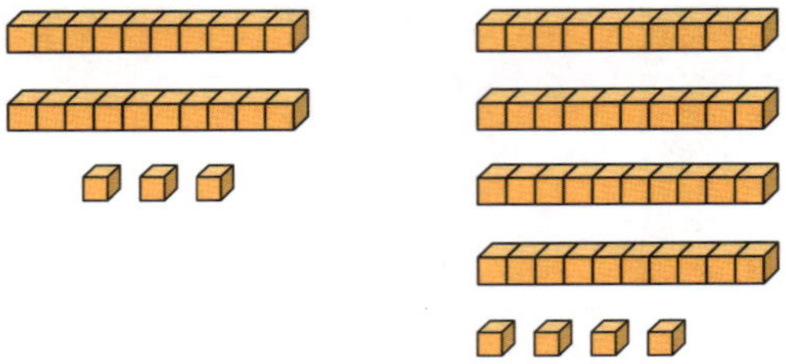 23 + 44 = _____

2 Efetue as adições.

a)   41
 + 6
 _____

b)   53
 + 10
 _____

c)   24
 + 52
 _____

d)   56
 + 32
 _____

e)   42
 + 36
 _____

f)   16
 + 51
 _____

3 Efetue as adições a seguir.

a) 25   42
   + 42   + 25
   ____   ____

b) 26   61
   + 61   + 26
   ____   ____

4 Arme e efetue as adições a seguir.

Exemplo:
4 dezenas e 3 unidades mais 3 dezenas e 6 unidades

   43
 + 36
 ____
   79

a) 7 dezenas e 4 unidades mais 1 dezena e 3 unidades

b) 2 dezenas e 5 unidades mais 3 dezenas e 1 unidade

c) 5 dezenas mais 2 dezenas e 8 unidades

d) 3 dezenas e 6 unidades mais 5 dezenas e 2 unidades

e) 8 dezenas e 2 unidades mais 1 dezena e 1 unidade

5 Em cada item, determine a quantia total de dinheiro.

Exemplo:

40 reais

10 + 10 + 10 + 10 = 40

a)
____ + ____ + ____ + ____ = ____

b)
____ + ____ + ____ + ____ = ____

c)
____ + ____ + ____ + ____ + ____ + ____ = ____

244 duzentos e quarenta e quatro

3 Subtração até 19

🎓 Aprendendo

> Tirei dois ovos da caixa.

> Para determinar quantos ovos ficaram na caixa, é preciso fazer a **subtração**. Doze menos dois é igual a dez.

Essa subtração pode ser representada da seguinte maneira:

12 − 2 = 10

D	U
1	2
−	2
1	0

✏️ Praticando

1 Bruno tem 15 bonecos. Ele dará 3 bonecos para Lucas. Com quantos bonecos Bruno ficará?

_____ − _____ = _____

Bruno ficará com _____ bonecos.

duzentos e quarenta e cinco 245

2 A mãe de Mário comprou 15 balões para enfeitar a festa dele, mas 4 escaparam. Quantos balões sobraram?

_____ − _____ = _____

Sobraram _____ balões.

3 Marque com um **X** os elementos que devem ser retirados em cada subtração. A seguir, efetue-as.

Exemplo:

○○○○○○○○○ ✗✗✗✗   13 − 4 = 9

a) ○○○○○○○○○○○○○○○   15 − 8 = _____

b) ○○○○○○○○○○○○   12 − 5 = _____

c) ○○○○○○○○○○○○○○○○   16 − 7 = _____

4 Ana tinha 17 reais e gastou 6 reais. Quantos reais sobraram?

_____ − _____ = _____

Sobraram _____ reais.

5 Efetue as subtrações a seguir.

a) 10 – 4 = _____

b) 10 – 6 = _____

c) 10 – 3 = _____

d) 10 – 5 = _____

e) 10 – 8 = _____

f) 10 – 9 = _____

6 Observe os desenhos e efetue as subtrações.

a) ★★★★★★★★★★★★★★   15 – 9 = _____

b) ★★★★★★★★★★★★★★★★   16 – 7 = _____

c) ★★★★★★★★★★   11 – 6 = _____

7 Determine o resultado das operações a seguir.

a) 18 – 6 = _____

b) 11 – 11 = _____

c) 13 – 3 = _____

d) 14 – 3 = _____

e) 19 – 4 = _____

f) 18 – 5 = _____

8 Efetue.

a) 11
  – 1
  _____

b) 12
  – 12
  _____

c) 19
  – 5
  _____

d) 13
  – 2
  _____

e) 14
  – 12
  _____

f) 16
  – 1
  _____

g) 17
  – 4
  _____

h) 18
  – 15
  _____

i) 19
  – 8
  _____

9 Qual é a diferença entre 19 reais e a quantia que Isabela tem?

A diferença é _____ reais.

Ouvindo e relacionando

Parlenda é um conjunto de rimas infantis, geralmente curtas, de ritmo fácil, e divertidas. Leia com seus colegas e professores a parlenda abaixo.

Um, dois, três,
Quatro, cinco, seis,
Sete, oito, nove,
Para doze faltam três.

Da tradição popular.

- Agora, é com você!

    a) Um, dois, três, para sete faltam _____.

    b) Um, dois, três, quatro, cinco, seis, para quinze faltam _____.

4 Subtração até 99

Aprendendo

*Este jogo de tabuleiro tem **36** peças.*

*Tirei **15** peças do tabuleiro.*

*Ficaram **21** peças no tabuleiro.*

Essa subtração pode ser representada assim:
36 − 15 = 21

Praticando

1 Observe o exemplo. Depois, complete e efetue as subtrações. Note que as peças riscadas foram retiradas.

Exemplo:

25 − 12 = 13

D	U
2	5
− 1	2
1	3

duzentos e quarenta e nove 249

a) 38 − 14 = _____

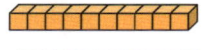

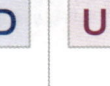

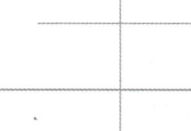

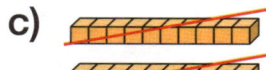

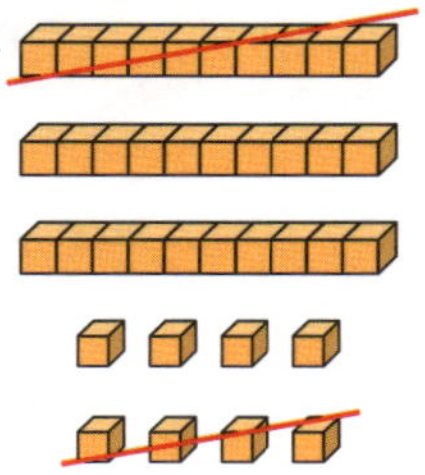

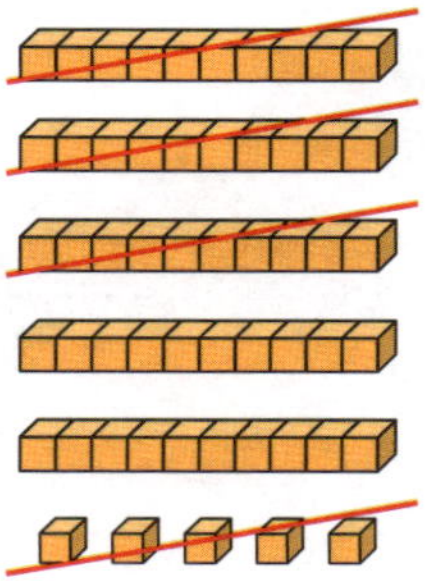

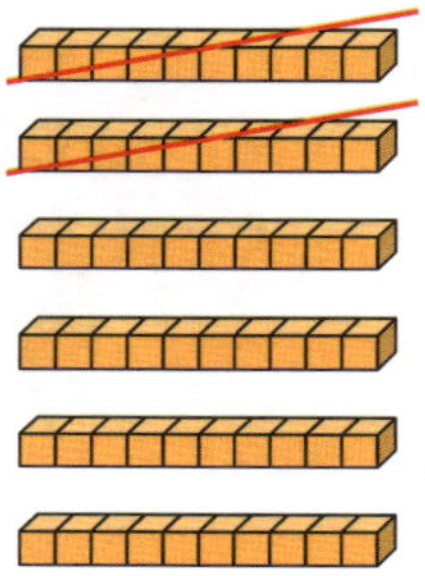

b) 55 − 35 = _____

c) 60 − 20 = _____

2 Efetue as subtrações.

a) 77
  − 23
  _____

b) 45
  − 3
  _____

c) 67
  − 53
  _____

d) 47
  − 36
  _____

e) 26
  − 23
  _____

f) 89
  − 18
  _____

3 Calcule o resultado das operações de subtração e de adição para cada caso.

a)   54   31
   − 23   + 23
   _____   _____

b)   86   45
   − 41   + 41
   _____   _____

4 Arme e efetue as subtrações a seguir.

Exemplo:
5 dezenas e 6 unidades menos 2 dezenas e 3 unidades

$$\begin{array}{r} 56 \\ -23 \\ \hline 33 \end{array}$$

a) 6 dezenas e 3 unidades menos 5 dezenas

b) 5 dezenas e 5 unidades menos 4 dezenas e 3 unidades

c) 2 dezenas e 9 unidades menos 1 dezena e 9 unidades

5 Quantos reais sobraram?

Eu tinha	Gastei	Fiquei com
R$ 50 + R$ 5 + R$ 2 + R$ 1	R$ 20 + R$ 10 + R$ 1 + R$ 1	D | U

duzentos e cinquenta e um 251

5 Problemas de adição e de subtração

Aprendendo

1. Observe o diálogo entre Mário e Bruno.

Fiz 25 pipas de cor azul e 32 de cor vermelha.

Quantas pipas Mário fez ao todo?

$25 + 32 = 57$

```
   25
+  32
----
   57
```

Mário fez 57 pipas ao todo.

2. Agora, veja o diálogo entre Isabela e Ana.

No canteiro da mamãe havia 36 flores. Tirei 12 para fazer um ramalhete.

Quantas flores sobraram?

$36 - 12 = 24$

```
   36
-  12
----
   24
```

Sobraram 24 flores.

252 duzentos e cinquenta e dois

Praticando

1 No aquário de Lucas havia 15 peixinhos. Ele ganhou mais 10. Com quantos peixinhos Lucas ficou?

Lucas ficou com _____ peixinhos.

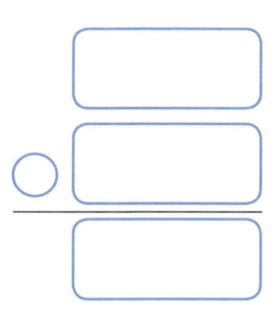

2 Na sala de aula de Lucas e de Iaci há 18 alunos. Na quarta-feira, faltaram 5 alunos. Quantos alunos foram à aula nesse dia?

Foram à aula nesse dia _____ alunos.

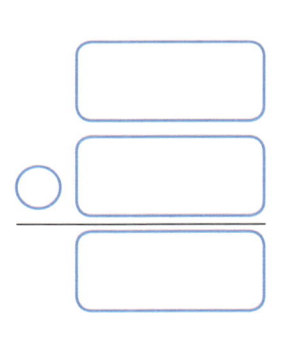

3 Os pontos de Isabela no jogo de peteca somam 4 dezenas e 5 unidades. Se ela fizer mais 3 dezenas, com quantos pontos ficará?

Isabela ficará com _____ pontos.

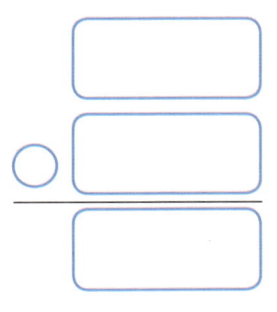

duzentos e cinquenta e três 253

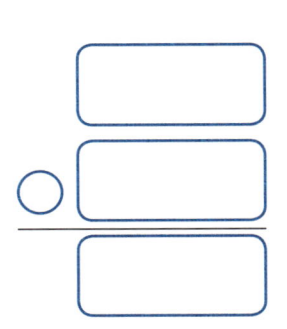

4 Em uma loja havia 56 televisores. Foram vendidos 34 em uma promoção. Quantos televisores sobraram?

Sobraram _____ televisores.

5 Lucas tinha 86 moedas. Usou 56 para comprar um carrinho. Com quantas moedas ele ficou?

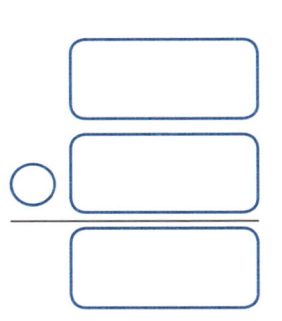

Lucas ficou com _____ moedas.

6 A mãe de Isabela comprou 25 cajus e 12 bananas. Quantas frutas ela comprou ao todo?

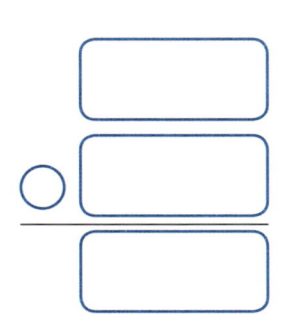

A mãe de Isabela comprou _____ frutas.

254 duzentos e cinquenta e quatro

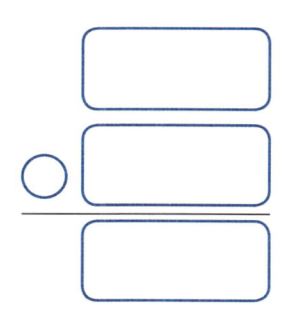

7 No seu aniversário, Ana ganhou 30 reais da mãe e 25 reais do pai. Quantos reais Ana ganhou ao todo?

Ana ganhou _____ reais ao todo.

8 Lucas tinha 38 reais. Gastou 22 reais no cinema. Com quantos reais Lucas ficou?

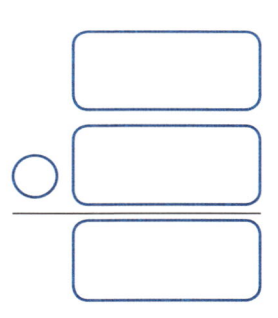

Lucas ficou com _____ reais.

9 Mário tinha 62 bolinhas de gude e resolveu dar 20 delas a seu primo. Com quantas bolinhas de gude Mário ficou?

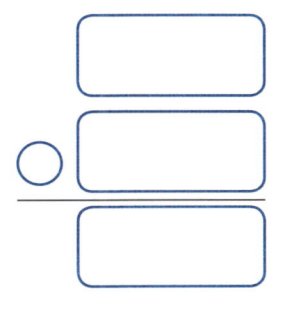

Mário ficou com _____ bolinhas de gude.

duzentos e cinquenta e cinco

Educação financeira

O nosso dinheiro

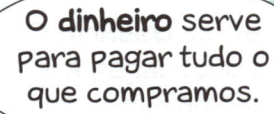

*O **dinheiro** serve para pagar tudo o que compramos.*

*Nosso dinheiro é o **real**, e seu símbolo é **R$**.*

Cédulas e moedas

*Nosso dinheiro circula em **cédulas** e **moedas**.*

2 reais ou R$ 2,00

5 reais ou R$ 5,00

10 reais ou R$ 10,00

20 reais ou R$ 20,00

50 reais ou R$ 50,00

100 reais ou R$ 100,00

1 centavo ou R$ 0,01

5 centavos ou R$ 0,05

10 centavos ou R$ 0,10

25 centavos ou R$ 0,25

50 centavos ou R$ 0,50

1 real ou R$ 1,00

256 duzentos e cinquenta e seis

Praticando mais

1. A mãe de Ana fez 4 dezenas e 4 unidades de cocada e 3 dezenas e 5 unidades de bom-bocado. Quantos doces a mãe de Ana fez ao todo?

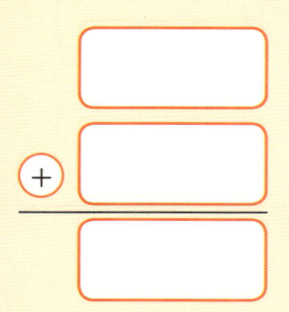

   +

   A mãe de Ana fez _____ doces ao todo.

2. Bruno tinha 68 figurinhas. Deu 16 a Mário. Com quantas figurinhas Bruno ficou?

   −

   Bruno ficou com _____ figurinhas.

3. Iaci ganhou 5 dezenas e 3 unidades de adesivos. Ela já colou 2 dezenas e 1 unidade de adesivos em seu caderno. Quantos adesivos Iaci ainda tem para colar?

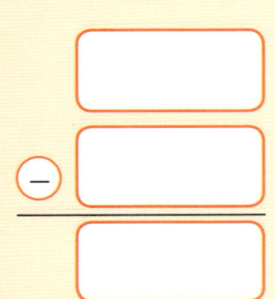

   −

   Iaci ainda tem _____ adesivos para colar.

duzentos e cinquenta e sete

4 Em uma festa, Lucas e seus amigos comeram 30 empadinhas e 34 coxinhas. Quantos salgadinhos eles comeram ao todo?

Lucas e seus amigos comeram _____ salgadinhos ao todo.

5 Ítalo fez uma pesquisa com todos os alunos de 1º ano de sua escola, porque queria saber quais eram os animais de estimação deles. Observe o resultado dessa pesquisa no gráfico abaixo.

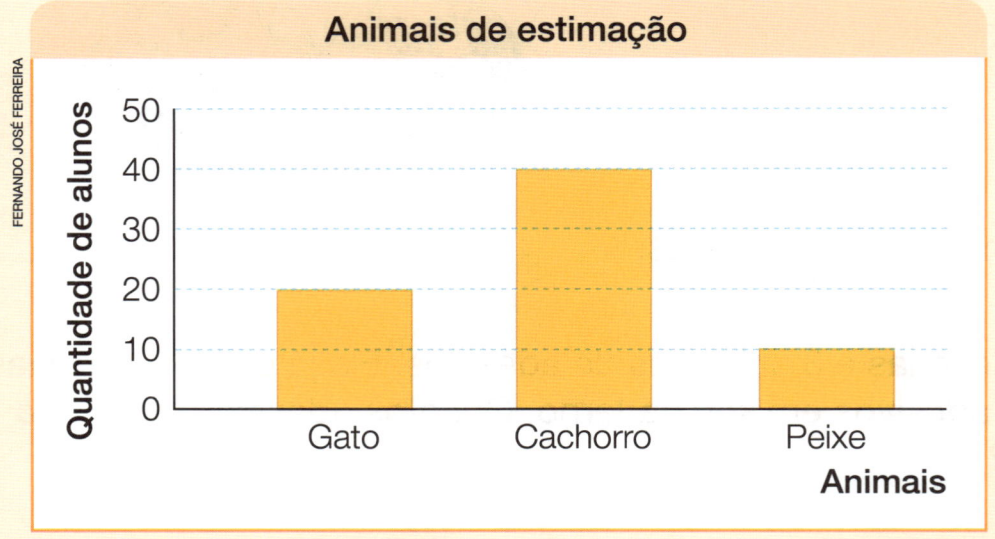

Animais de estimação

Dados obtidos por Ítalo em agosto de 2019.

a) Quantos alunos têm cachorro? _____

b) No total, quantas dezenas de alunos responderam à pesquisa? _____

c) Você tem animal de estimação? Se sim, qual?

_____

258 duzentos e cinquenta e oito

6 Observe na ilustração a seguir a quantia que cada criança tem e responda às questões.

Mário — 30 reais

Bruno — 25 reais

Lucas — 42 reais

a) Quem possui a maior quantia? _____

b) Quem possui a menor quantia? _____

Desafio

Observe a quantia que cada criança possui e ligue cada uma ao brinquedo de mesmo valor.

Eu tenho 2 cédulas de 10 reais e uma de 5 reais.

Eu tenho uma cédula de 10 reais, uma de 5 reais e uma moeda de 1 real.

ROLETA — 30 reais

QUEBRA-CABEÇA — 16 reais

TRILHA — 25 reais

duzentos e cinquenta e nove

UNIDADE 13
Medidas de massa

Trocando ideias

1. Em cima da mesa há algumas frutas e um objeto. Qual é o nome desse objeto?
2. Observe esse objeto. Por que um prato está mais para cima, e o outro, mais para baixo?
3. Trocando o abacaxi por um morango, o que acontecerá com os pratos do objeto? Por quê?

260 duzentos e sessenta

1 A balança

Aprendendo

*A **balança** é um instrumento utilizado para medir ou comparar **massas**.*

Praticando

1 Marque com um **X** os instrumentos que são chamados de balança.

2 Observe a balança ao lado e faça o que se pede.

- Marque com um **X** a caixa com maior massa.

  ☐ Caixa A

  ☐ Caixa B

3 Com a ajuda de um adulto, escreva o valor de **sua massa**.

Minha massa é _____ quilogramas.

duzentos e sessenta e um **261**

2 O quilograma

Aprendendo

1. Iaci subiu na balança para saber sua massa. Ela verificou que sua massa é **30 quilogramas**.

   O **quilograma** (símbolo: **kg**) é uma das unidades usadas para medir **massa**.

Praticando

1. Observe as frutas que estão nas balanças a seguir.

   Quanto cada balança está marcando?

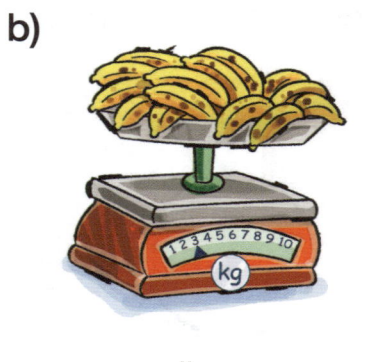

   a) _____ quilogramas

   b) _____ quilogramas

   c) _____ quilogramas

2. Cerque com uma linha o menino mais leve. Depois, responda.

   a) Qual é o nome do menino mais leve? _____

   b) Qual é o nome do menino mais pesado? _____

   c) Qual é a diferença entre os valores das massas dos dois meninos? _____

   Mário Bruno

262 duzentos e sessenta e dois

3 Marque com um **X** os produtos que geralmente compramos por quilograma.

4 Destaque as fotos de objetos da página **A14** e cole-as abaixo, do objeto mais leve para o mais pesado.

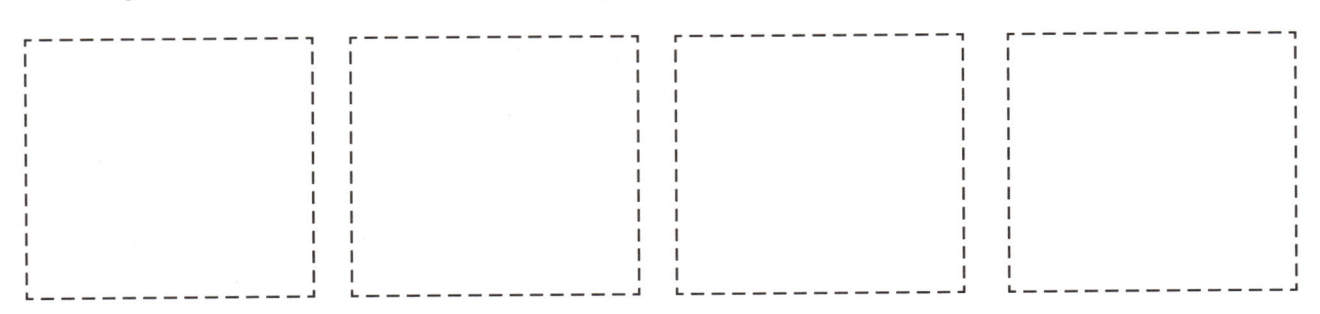

- Agora, organize em sua mesa, do mais leve para o mais pesado, três objetos do seu material escolar e peça a um colega que verifique se está certo.

É hora da leitura!

Leia o texto a seguir com seus colegas e o professor.

O burro e o sal

Certo dia um camponês e seu burro ajudante foram juntos fazer compras na cidade bem distante.

[...]

Só depois de muita andança, à cidade os dois chegaram. Logo entraram no armazém, muita coisa eles compraram.

— Essa carga eu divido! – disse o homem pro animal.

— Estas coisas vão comigo e você carrega o sal.

"Ai, ai, ai!", pensou o burro. "Sempre levo o mais **pesado**! Vou chegar lá na fazenda quase morto de cansado!"

[...]

O burro e o sal. Recontada por Edgard Romanelli. São Paulo: Moderna. (Clássicos Infantis)

- Separe os produtos que o burro e o homem devem levar para que os dois carreguem a mesma quantidade de massa. Cerque com uma linha o que deverá ser carregado pelo burro e marque com um **X** os produtos que deverão ser levados pelo homem.

264 duzentos e sessenta e quatro

Tratando a informação

Fazendo uma pesquisa

1 Mário fez uma pesquisa. Observe as cenas e numere-as de 1 a 4 conforme a ordem em que aconteceram.

TIPO DE PROGRAMA DE TELEVISÃO PREFERIDO

TIPO DE PROGRAMA	NÚMERO DE VOTOS
FILME	20
DESENHO ANIMADO	30
NOVELA	10

Dados obtidos por Mário em abril de 2018.

Já fiz a pesquisa. No meu registro, cada tracinho representa 10 votos.

FILME ||
DESENHO ANIMADO |||
NOVELA |

Meus colegas gostam mais de assistir a desenho animado.

Quero saber a que tipo de programa de televisão meus colegas mais gostam de assistir.

2 Agora é a sua vez! Reúna-se com os colegas e façam uma pesquisa seguindo o roteiro ao lado.

ROTEIRO

1º ESCOLHAM UM TEMA DO INTERESSE DE VOCÊS E FORMULEM DUAS PERGUNTAS SOBRE ESSE TEMA.

2º COLETEM OS DADOS DE QUE NECESSITAM ENTREVISTANDO OS COLEGAS DA SUA TURMA.

3º REPRESENTEM OS DADOS COLETADOS POR VOCÊS EM UMA TABELA OU EM UM GRÁFICO DE BARRAS VERTICAIS OU HORIZONTAIS.

4º ANALISEM OS RESULTADOS OBTIDOS E TIREM ALGUMAS CONCLUSÕES.

ILUSTRAÇÕES: EDNEI MARX

duzentos e sessenta e cinco **265**

Praticando mais

1 A massa de Cecília é 9 quilogramas, a de Joaquim é 5 quilogramas e a de Cristina é 4 quilogramas.

a) Quantos quilogramas Joaquim tem a menos que Cecília? _____

b) Juntos, Joaquim e Cristina têm a mesma massa de Cecília? _____

2 Sabendo que o ⬛ tem massa igual a 1 quilograma, observe as balanças e responda.

Mamão   Abacate   Melancia

a) Qual fruta tem massa igual a 1 quilograma? _____

b) Qual fruta tem massa menor do que 1 quilograma? _____

c) Qual fruta tem massa maior do que 1 quilograma? _____

Desafio

Regiane está brincando de gangorra com seus filhos, Luís e Lia. A gangorra está em equilíbrio, como mostra a imagem ao lado.

• Marque com um **X** a informação correta.

☐ A massa de Regiane é maior que a das crianças juntas.

☐ A massa de Regiane é igual à das crianças juntas.

☐ A massa de Regiane é menor que a das crianças juntas.

Sugestões de leitura

Tô dentro, tô fora...
Alcy Linares Deamo, Formato Editorial.
(Coleção Unidunitê).

Um livro de imagens criativas que aborda situações opostas: estar dentro ou fora; ir em uma direção ou em outra; para a direita ou para a esquerda; estar na frente ou atrás; estar em cima ou embaixo; subir ou descer.

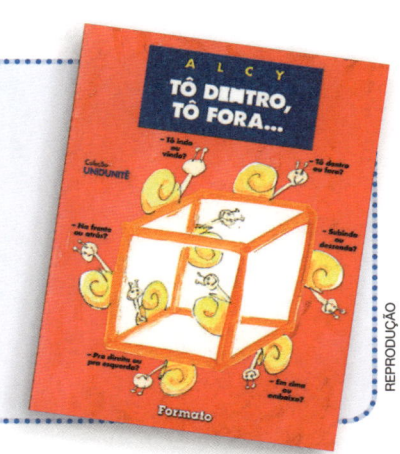

Clact... clact... clact...
Liliana e Michele Iacocca, Ática.

Uma tesoura encontra papéis coloridos picados e, insatisfeita, começa a organizá-los formando outras figuras.

Números dos pingos!
Eliardo França e Mary França, Ática.
(Coleção Álbuns dos pingos).

Os pingos, sete criaturinhas nascidas em uma gota de tinta, ensinam os leitores a fazer contas. Conhecer os números de 1 a 10 e descobrir as noções de quantidade transforma-se em uma gostosa brincadeira.

Livro dos números, bichos e flores
Cléo Busatto, Cria Editora.

Esse livro traz uma sequência de cenas num jardim para apresentar os números de 1 a 9. Por meio do texto, o leitor é incentivado a desenvolver estratégias para verificar se todos os animais e plantas foram contados.

duzentos e sessenta e sete 267

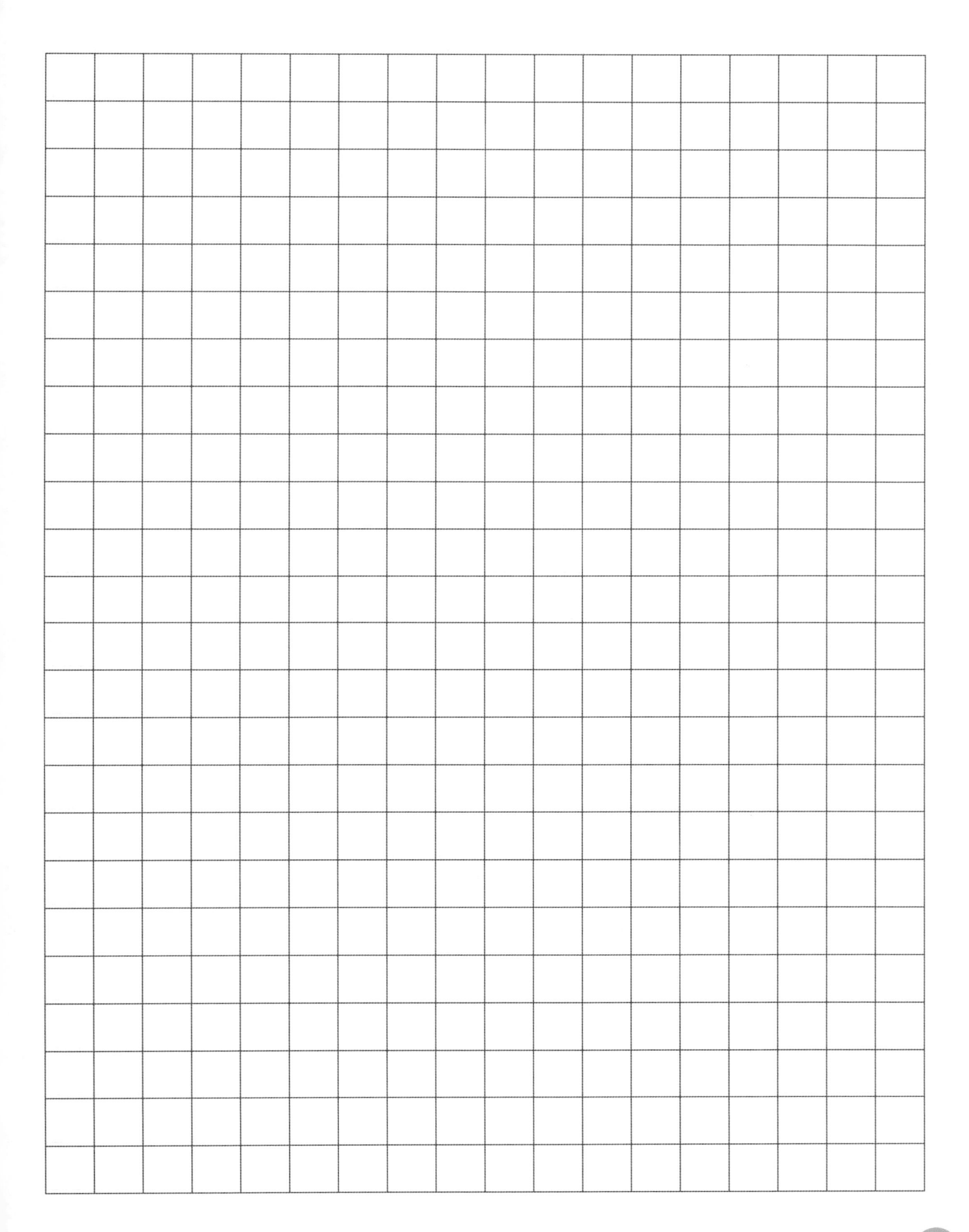

duzentos e setenta e um **271**

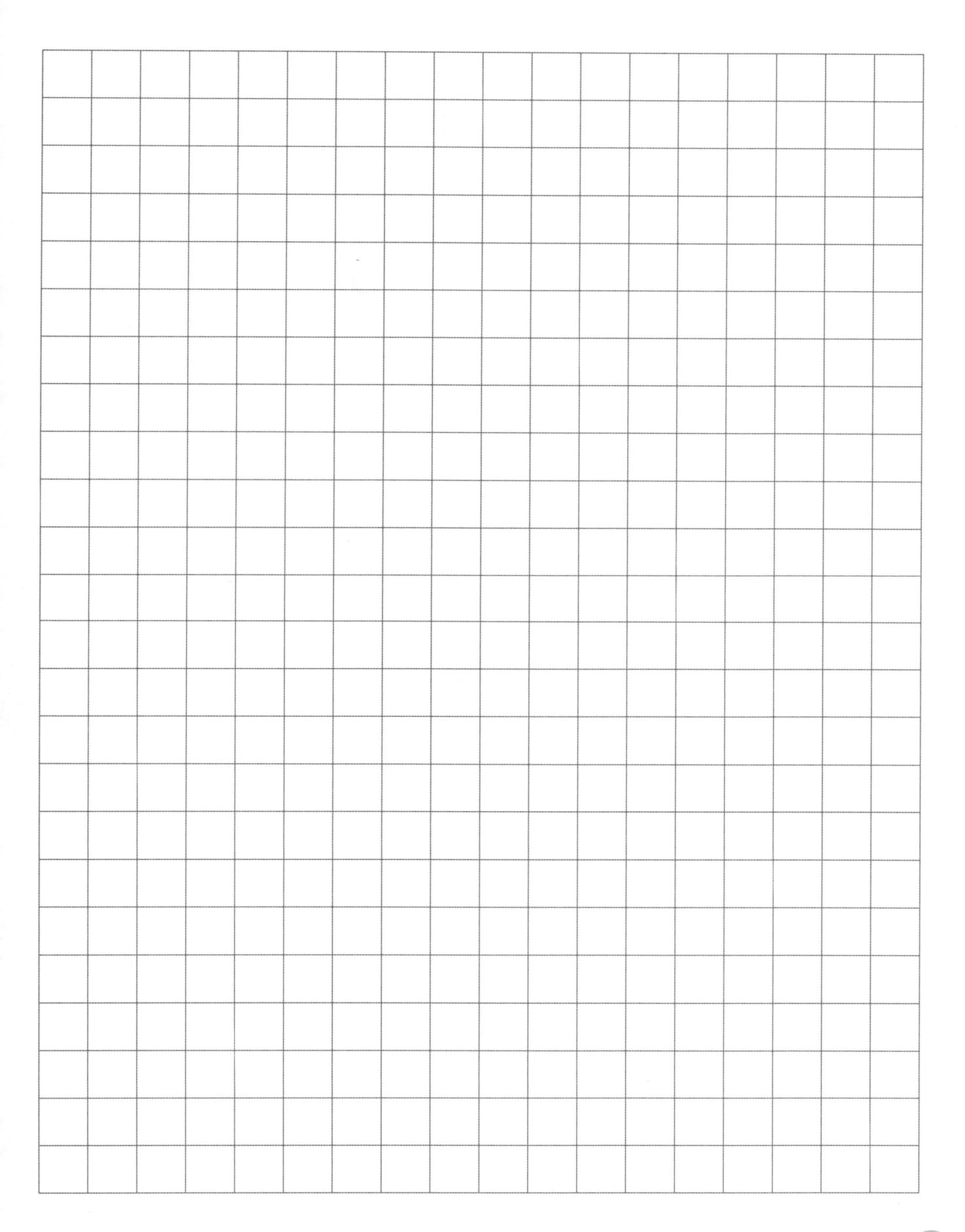

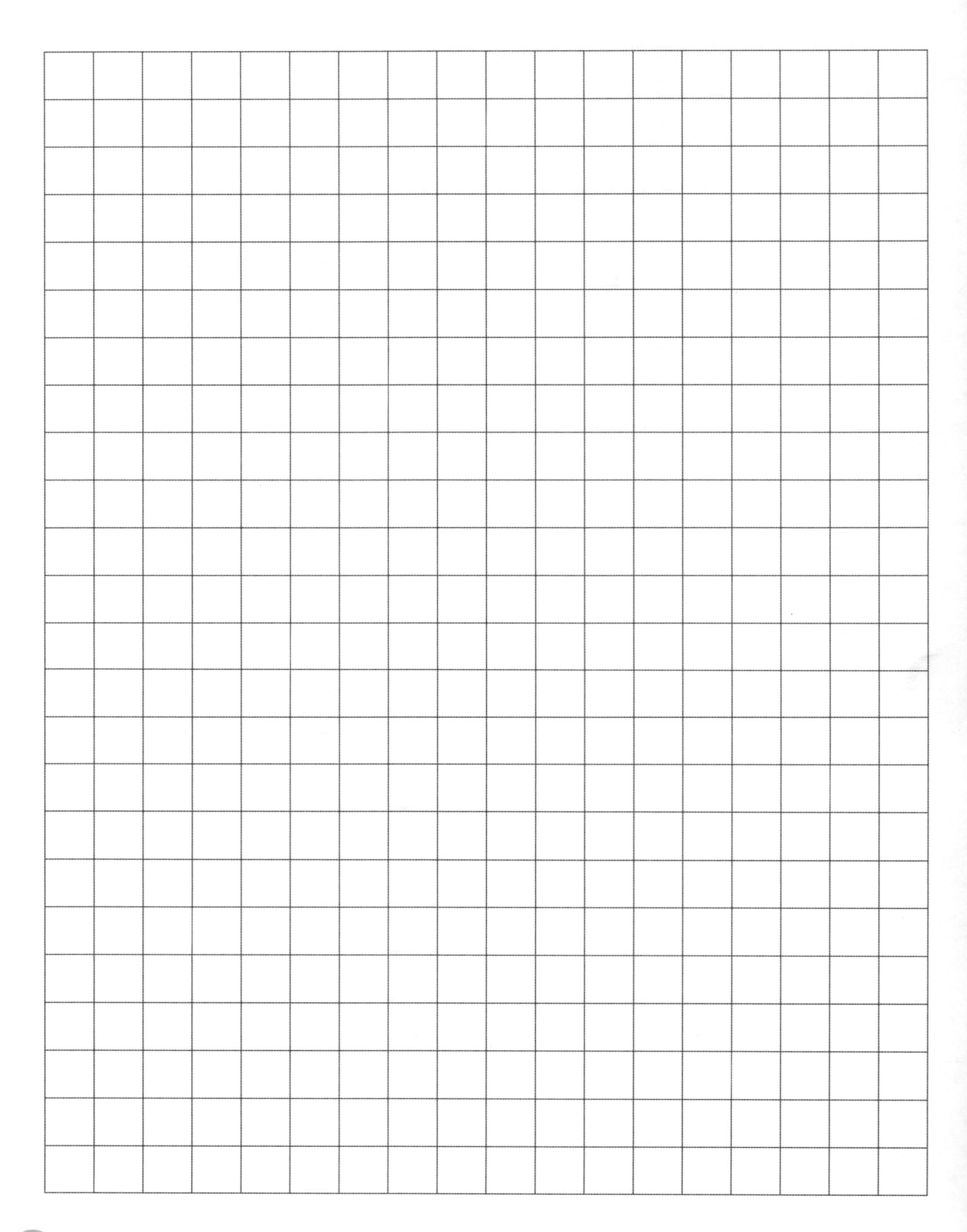

Material para a atividade 5 da página 39

A1

Este suplemento é parte integrante da obra *Matemática*, de Ênio Silveira e Cláudio Marques. Não pode ser vendido separadamente. Editora Moderna.

Material para a atividade 4 da página 48

A2

Este suplemento é parte integrante da obra *Matemática*, de Ênio Silveira e Cláudio Marques. Não pode ser vendido separadamente. Editora Moderna.

Material para a atividade 5 da página 54

A3

Este suplemento é parte integrante da obra *Matemática*, de Ênio Silveira e Cláudio Marques. Não pode ser vendido separadamente. Editora Moderna.

Material para a seção Jogando e aprendendo da página 56

A4

Este suplemento é parte integrante da obra *Matemática*, de Ênio Silveira e Cláudio Marques. Não pode ser vendido separadamente. Editora Moderna.

ADILSON SECCO

Material para a atividade 2 da página 80

A5

Este suplemento é parte integrante da obra *Matemática*, de Ênio Silveira e Cláudio Marques. Não pode ser vendido separadamente. Editora Moderna.

Material para as atividades das páginas 161, 171, 177, 181, 185 e 187

A6

Montagem do contador

Material necessário:
- a base do contador;
- os 3 círculos do contador;
- 3 grampos tipo bailarina.

Como montar:

janela do contador
furo do contador
furo do círculo

1 Destaque a base do contador e dobre-a na marca de vinco.

2 Destaque os 3 círculos do contador.

3 Posicione o primeiro círculo dentro da base do contador. Os 3 furos devem coincidir.

4 Fixe o primeiro círculo no contador com um grampo tipo bailarina.

5 Fixe os outros dois círculos da mesma maneira.

6 Seu contador já está pronto!

Este suplemento é parte integrante da obra *Matemática*, de Ênio Silveira e Cláudio Marques. Não pode ser vendido separadamente. Editora Moderna.

Base do contador

Este suplemento é parte integrante da obra *Matemática*, de Ênio Silveira e Cláudio Marques. Não pode ser vendido separadamente. Editora Moderna.

ADILSON SECCO

Círculos do contador

Este suplemento é parte integrante da obra *Matemática*, de Ênio Silveira e Cláudio Marques. Não pode ser vendido separadamente. Editora Moderna.

ILUSTRAÇÕES: ADILSON SECCO

Material dourado

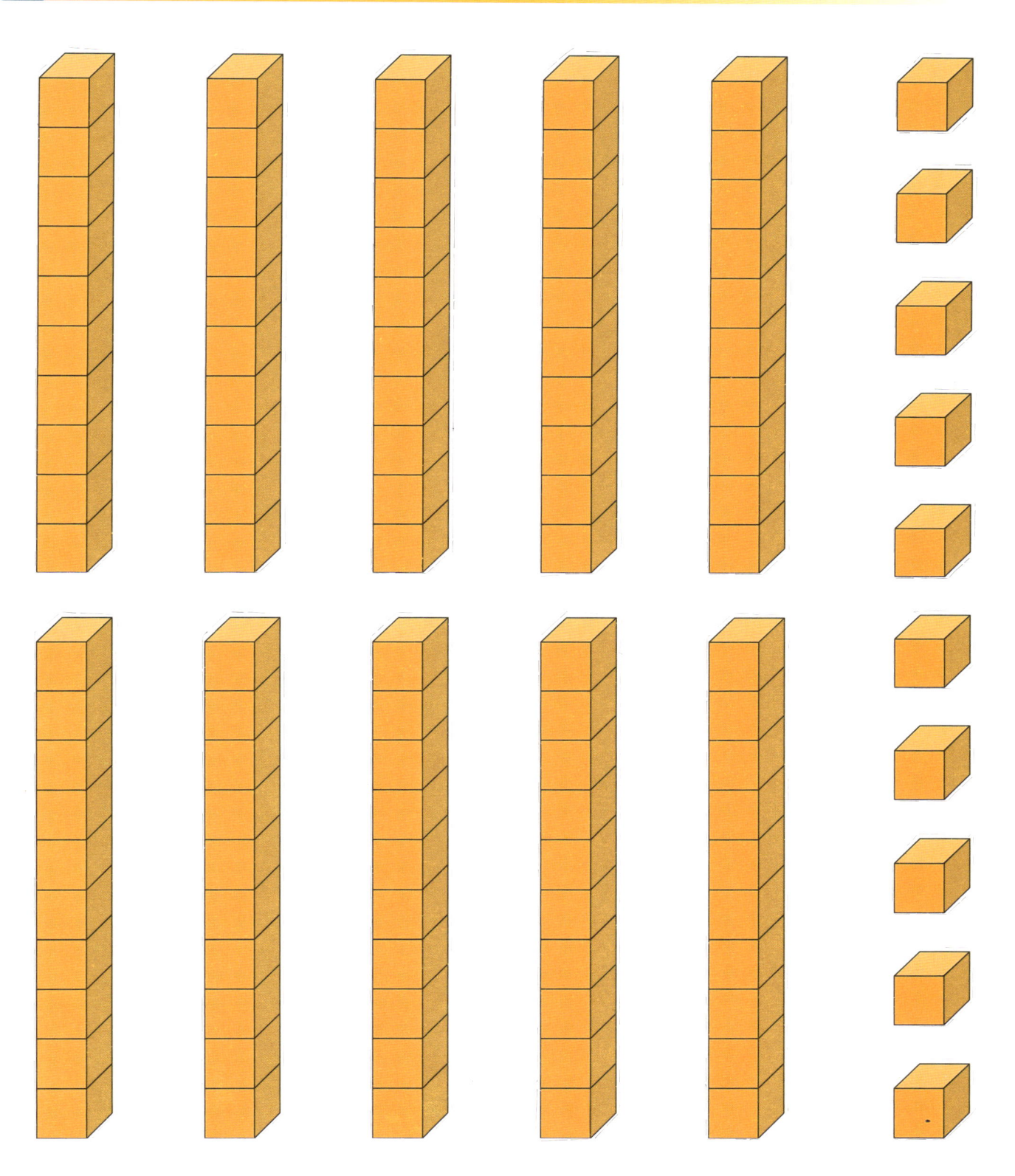

A7

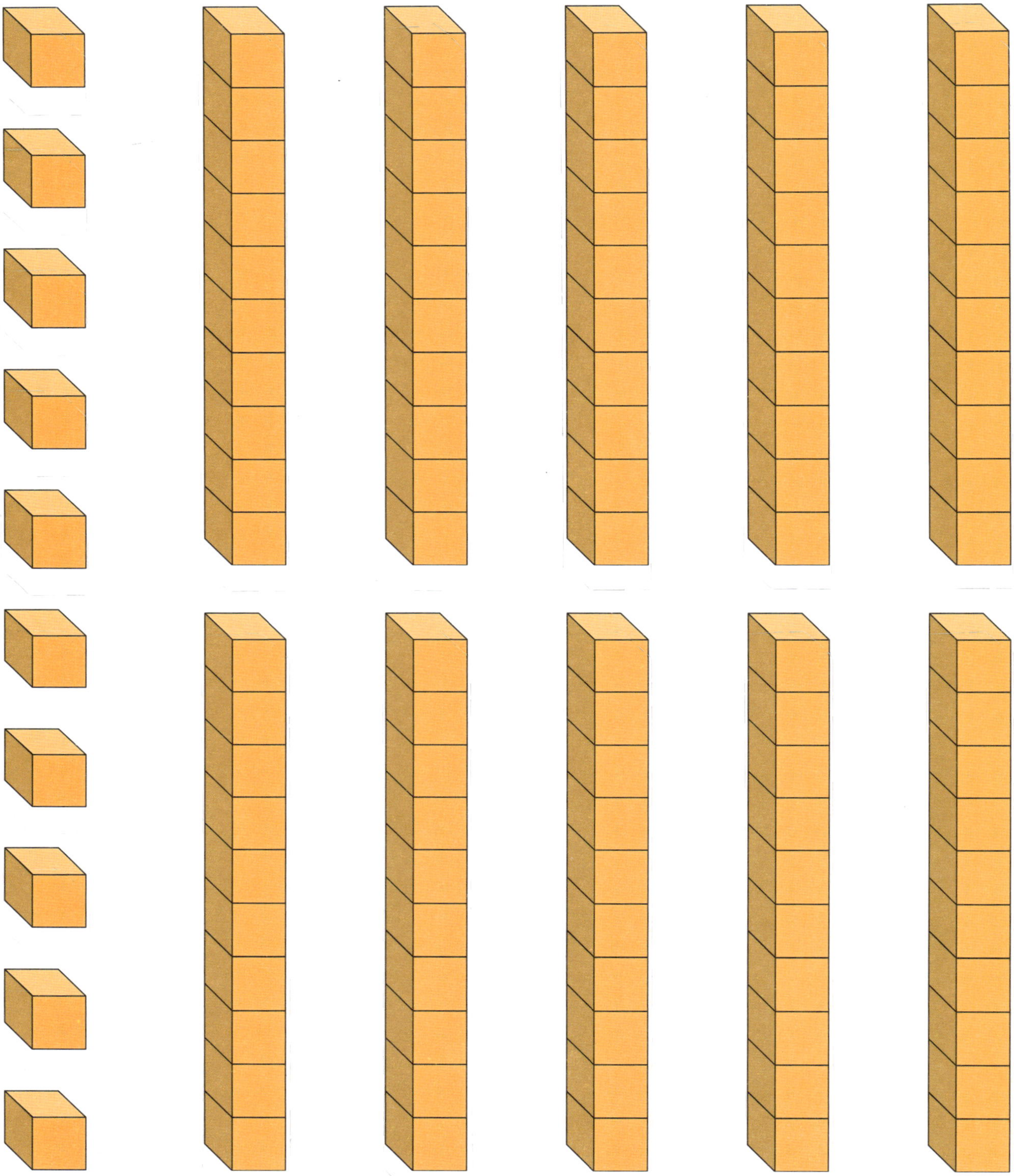

ILUSTRACOES: ADILSON SECCO

Envelope para guardar materiais

A8

Para guardar materiais

Parte A

Parte B

Nome:

Turma:

Este suplemento é parte integrante da obra *Matemática*, de Ênio Silveira e Cláudio Marques. Não pode ser vendido separadamente. Editora Moderna.

dobre aqui

dobre aqui

dobre aqui

dobre aqui

colar a Parte **B** aqui

colar a Parte **A** aqui

ADILSON SECCO

Cédulas e moedas

A9

Este suplemento é parte integrante da obra *Matemática*, de Ênio Silveira e Cláudio Marques. Não pode ser vendido separadamente. Editora Moderna.

BANCO CENTRAL DO BRASIL

Este suplemento é parte integrante da obra *Matemática*, de Ênio Silveira e Cláudio Marques. Não pode ser vendido separadamente. Editora Moderna.

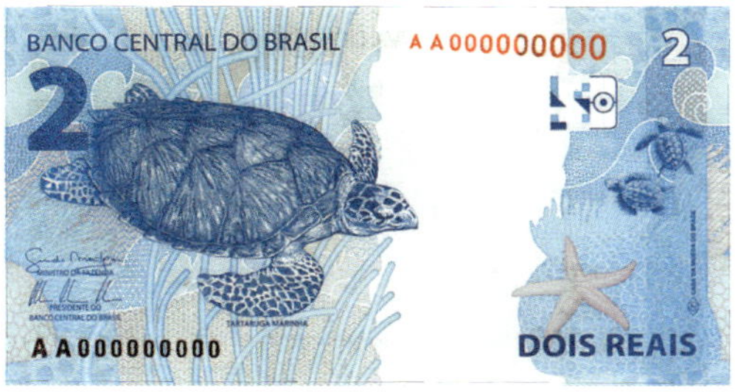

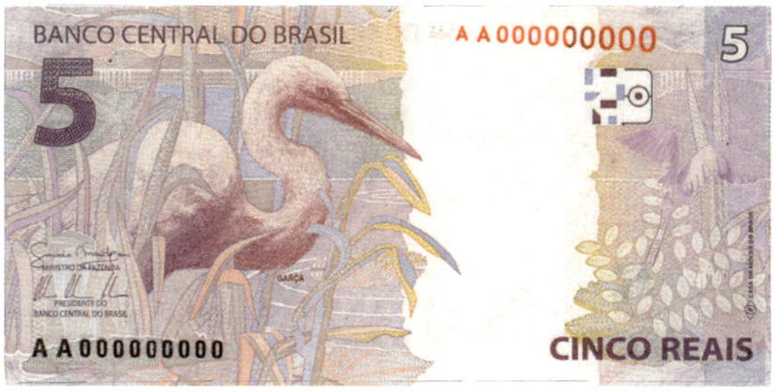

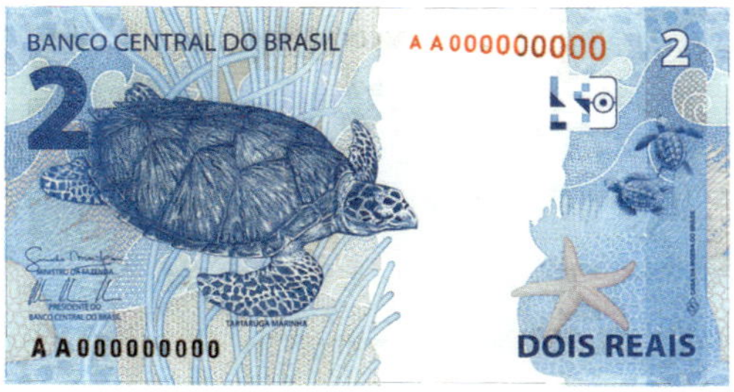

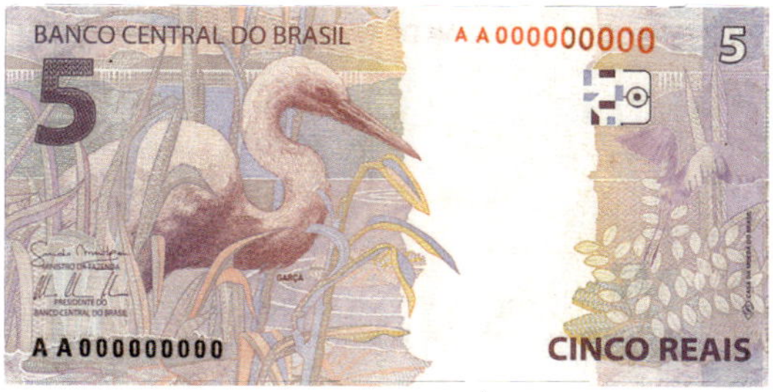

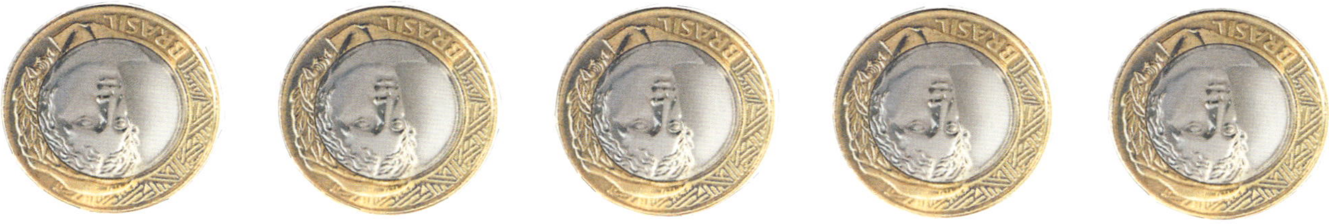

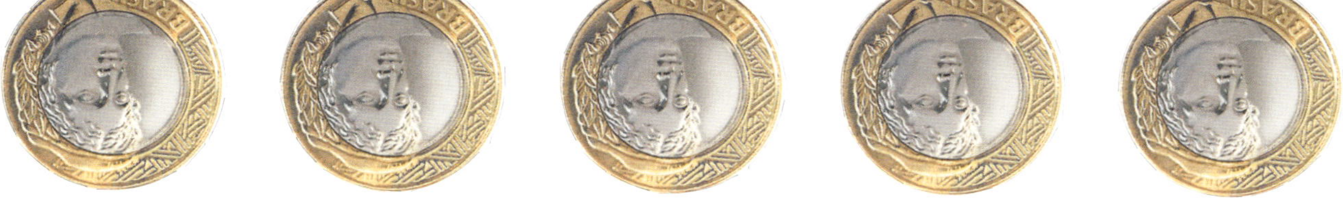

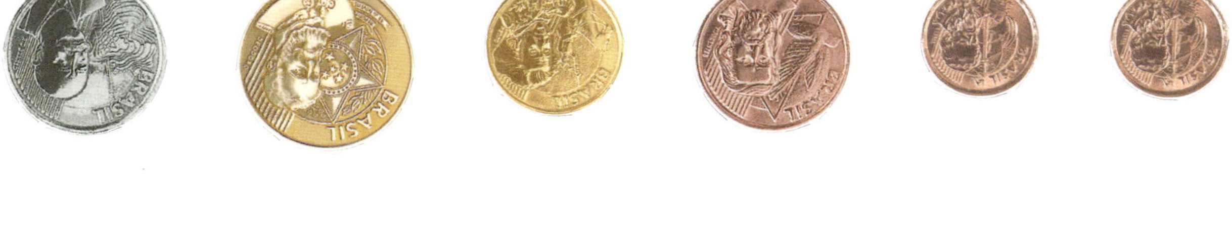

BANCO CENTRAL DO BRASIL

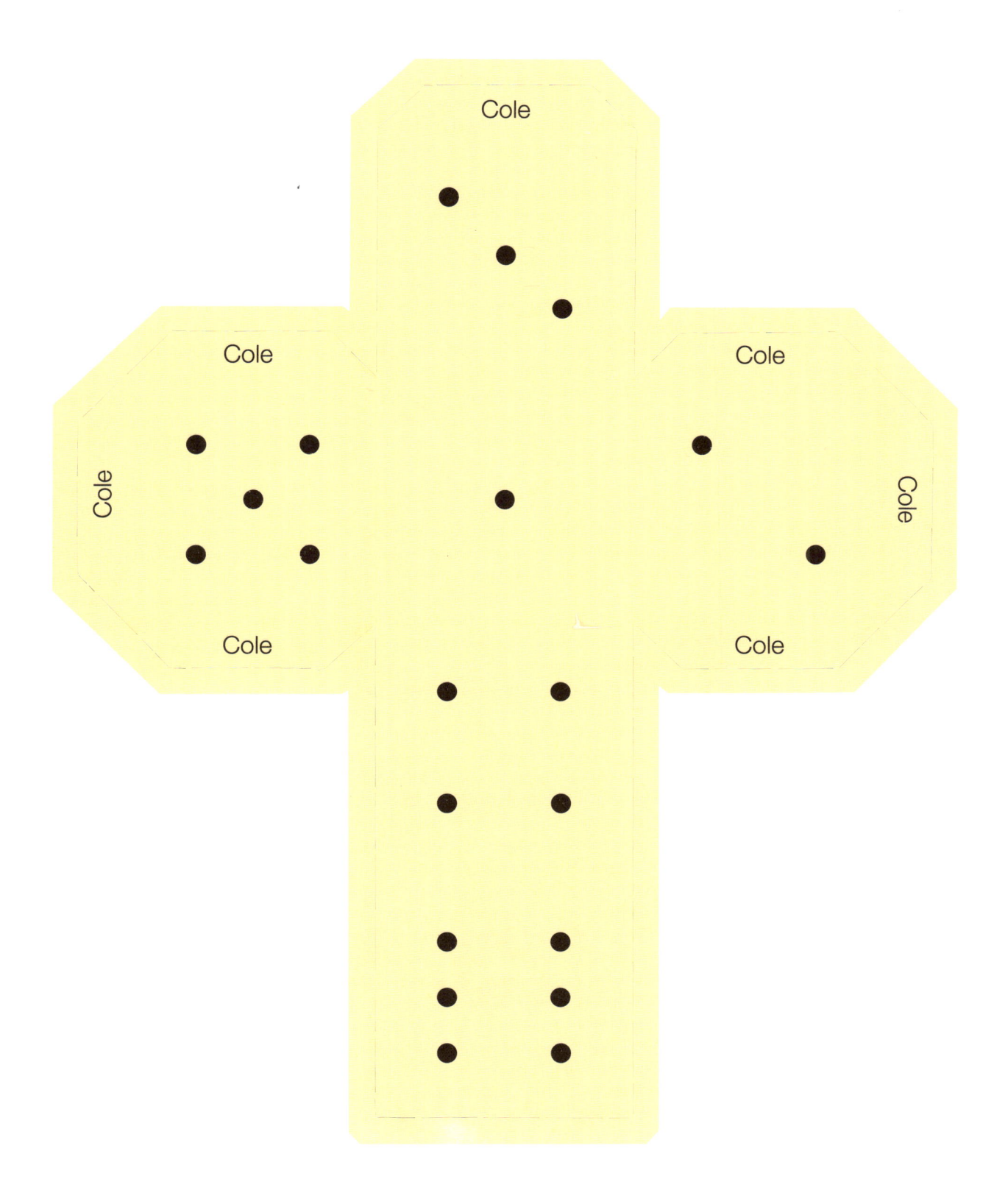

Material para a seção Jogando e aprendendo da página 175

A11

Cole

Cole

Cole

Cole

Cole

Cole

Este suplemento é parte integrante da obra *Matemática*, de Ênio Silveira e Cláudio Marques. Não pode ser vendido separadamente. Editora Moderna.

Material para a atividade 4 da página 198

A12

Montagem do relógio

Material necessário:

- o círculo com números para ser a base do relógio;
- o ponteiro maior, indicador dos minutos;
- o ponteiro menor, indicador das horas;
- 1 grampo tipo bailarina.

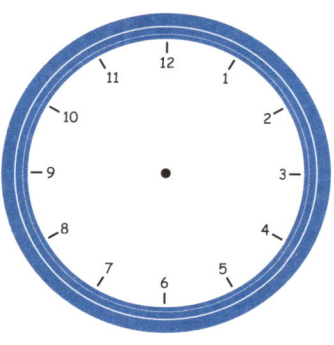

Como montar:

1 Destaque o círculo com os números que será a base do relógio.

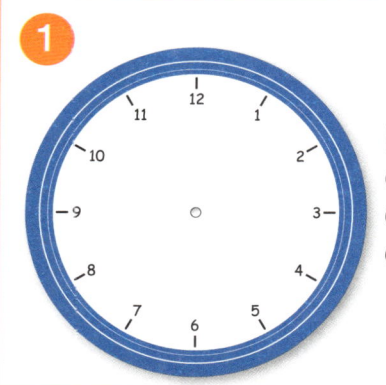

2 Destaque o ponteiro maior e o ponteiro menor.

3 Posicione o ponteiro maior sobre o círculo. Os furos devem coincidir.

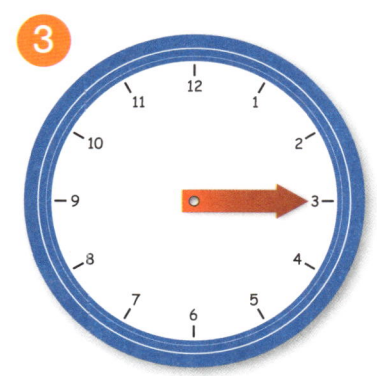

4 Posicione o ponteiro menor sobre o ponteiro maior (que está sobre o círculo). Os furos das três peças devem coincidir.

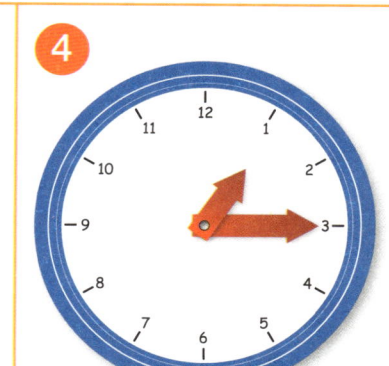

5 Fixe os ponteiros e o círculo colocando o grampo tipo bailarina no furo das três peças.

6 Seu relógio está pronto! Agora é só posicionar os ponteiros nos lugares desejados.

Este suplemento é parte integrante da obra *Matemática*, de Ênio Silveira e Cláudio Marques. Não pode ser vendido separadamente. Editora Moderna.

ILUSTRAÇÕES: EDNEI MARX

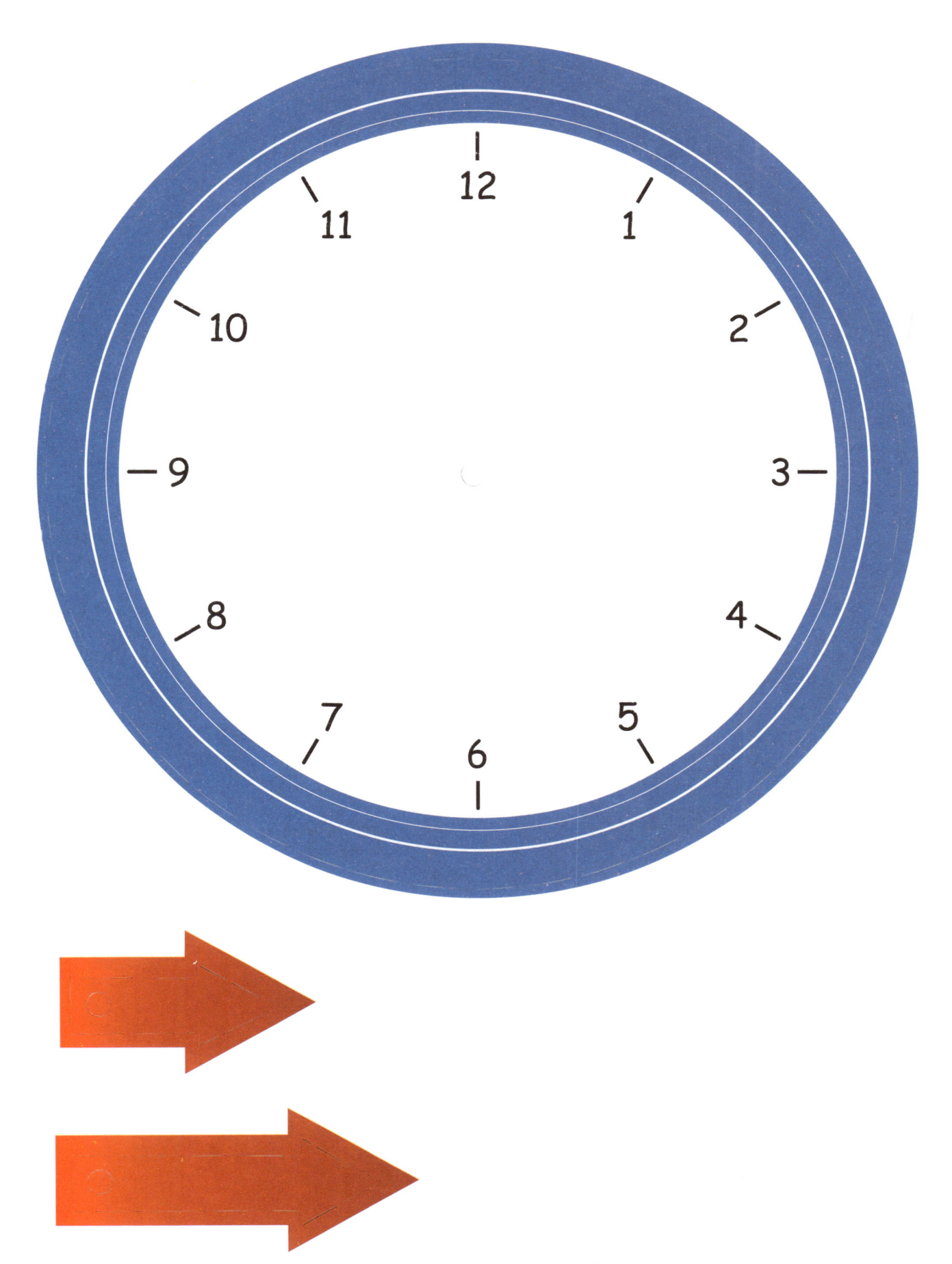

Este suplemento é parte integrante da obra *Matemática*, de Ênio Silveira e Cláudio Marques. Não pode ser vendido separadamente. Editora Moderna.

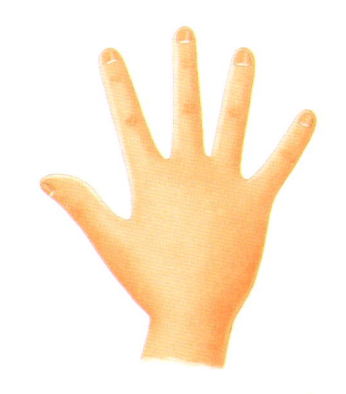

Material para a seção Jogando e aprendendo da página 229

A13

Este suplemento é parte integrante da obra *Matemática*, de Ênio Silveira e Cláudio Marques. Não pode ser vendido separadamente. Editora Moderna.

MEDIDAS	MEDIDAS
MEDIDAS	MEDIDAS
MEDIDAS	MEDIDAS

Este suplemento é parte integrante da obra *Matemática*, de Ênio Silveira e
Cláudio Marques. Não pode ser vendido separadamente. Editora Moderna.

MEDIDAS	MEDIDAS
MEDIDAS	MEDIDAS
MEDIDAS	MEDIDAS

Material para a atividade 4 da página 263

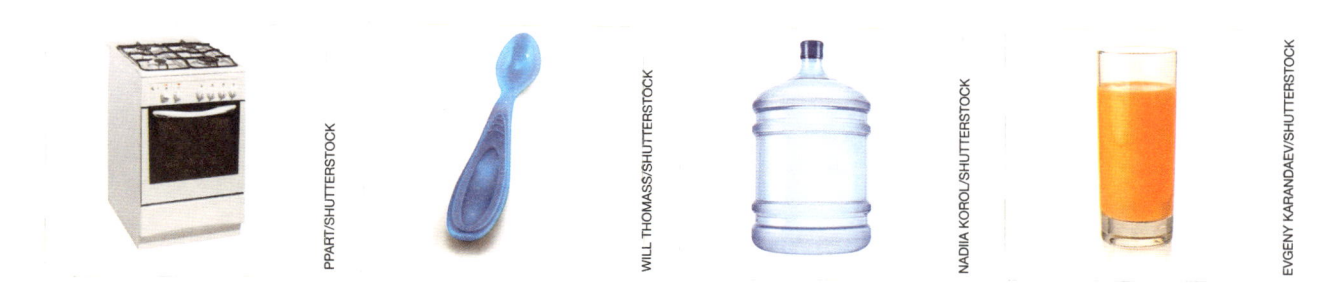

A14

Este suplemento é parte integrante da obra *Matemática*, de Ênio Silveira e Cláudio Marques. Não pode ser vendido separadamente. Editora Moderna.